BANGKOK

RON EMMONS

DK | Penguin Random House

Highlights

Themen

Inhalt

;tadtteile

Reise-Infos

ie TOP10-Listen in diesem Buch sind nicht ach Rängen oder Qualität geordnet. Alle zehn ınträge sind in den Augen des Herausgebers on gleicher Bedeutung.

ımschlag Vorderseite & Buchrücken Vat Phra Kaeo und Großer Palast in Bangkok **itelseite** Der eindrucksvolle Wat enjamabophit bei Sonnenaufgang **ımschlag Rückseite, im Uhrzeigersinn on links oben** Wat Arun, Blick auf Bangkok, :hinatown, schwimmender Markt von ›amnoen Saduak

Die Informationen in diesem TOP10-Reiseführer werden regelmäßig aktualisiert.

Angaben wie Telefonnummern, Öffnungszeiten, Adressen, Preise und Fahrpläne können sich jedoch ändern. Der Verlag kann für fehlerhafte oder veraltete Angaben nicht haftbar gemacht werden. Für Hinweise, Verbesserungsvorschläge und Korrekturen ist der Verlag dankbar. Bitte richten Sie Ihr Schreiben an:

Dorling Kindersley Verlag GmbH
Redaktion Reiseführer
Arnulfstraße 124 • 80636 München
reise@dk.com

中國大酒店
HOTEL

Willkommen in Bangkok

Bangkok ist eine Stadt der Gegensätze: mal traditionell, mal modern, mal laut und wild, mal ruhig und gelassen. Selbst vor dem glitzerndsten modernen Gebäude findet sich ein gepflegter Schrein zu Ehren eines Gottes. Mit diesem Reiseführer können Sie die erstaunliche, von der berühmten thailändischen Gastlichkeit geprägte Stadt auf eigene Faust entdecken.

Der mächtige **Chao Phraya** teilt Bangkok, bevor er in den nahen Golf von Thailand mündet. An seinem Ostufer liegt die **Altstadt** mit dem königlichen Zentrum **Rattanakosin**, wo es den eindrucksvollen **Großen Palast**, die Schätze des **Nationalmuseums** wie auch etliche buddhistische Tempel zu sehen gibt.

Flussabwärts folgen die Märkte, Goldläden und taoistischen Schreine von **Chinatown**. Bangkok ist eng mit dem Chao Phraya verbunden. Viele Kunstgalerien und Pubs machen sich die niedrigen Bauten und die kühle Brise am Fluss zunutze. Ein Stück weg vom Fluss, im **Zentrum**, gibt es topmoderne Hotels, Restaurants und Läden, vor allem inmitten der Wolkenkratzer an der Silom Road. In **Thonburi**, auf der anderen Flussseite, steht der nach Vorbildern im Khmer-Reich gestaltete **Wat Arun**. Auf den Kanälen geht es ruhig zu – ganz anders als am östlichen Flussufer.

Ob Sie eine Woche oder nur ein Wochenende planen: Unser TOP**10** *Bangkok* stellt Ihnen die reizvollsten Ecken der Stadt vor – von den Tempeln und Museen der Altstadt bis zum aufregenden Nachtleben im Zentrum. Hinzu kommen nützliche Tipps, wie man Bangkok zum Nulltarif oder abseits des Trubels genießt, sowie übersichtliche Routenvorschläge, die Sie in kurzer Zeit zu möglichst vielen Sehenswürdigkeiten führen. Schöne Fotos und detaillierte Karten komplettieren den handlichen und unverzichtbaren Reisebegleiter. **Viel Spaß mit dem Buch und viel Spaß in Bangkok**.

Im Uhrzeigersinn von oben: **Füße der großen Buddhastatue im Wat Indrawihan, mit Hüten beladenes Boot am schwimmenden Markt von Damnoen Saduak, Verkehr auf der Yaowarat Road in Chinatown, Seepavillons in Muang Boran, Buddhastatuen im Wat Pho, smaragdgrüne Pagode im Wat Pak Nam am Khlong Bangkok Yai, Blüte des Kanonenkugelbaums**

Bangkok entdecken

Die Hauptstadt von Thailand ist riesig, doch viele Sehenswürdigkeiten am Fluss und im Zentrum sind gut zu Fuß erreichbar. Wer Boote und Nahverkehrsmittel nutzt, wird von den allgegenwärtigen Staus auf den Straßen fast nichts mitbekommen. Mit den folgenden Tipps sehen Sie möglichst viel von Bangkok.

Im Nationalmuseum ist u. a. Rattanakosin-Kunst des 18. bis 20. Jahrhunderts zu bestaunen.

Der Wat Phra Kaeo, ein Komplex aus Gebetshallen, Türmen und *chedis* (Stupas), steht auf dem Areal des Großen Palasts.

Zwei Tage in Bangkok

Tag ❶

Vormittags

Besuchen Sie den **Wat Phra Kaeo** *(siehe S. 12f)* und den benachbarten **Großen Palast** *(siehe S. 14f)* mit dem **Queen Sirikit Museum of Textiles.** Danach können Sie am Fluss in einem der kleinen Lokale von **Tha Maharaj** *(siehe S. 73)* zu Mittag essen.

Nachmittags

Nach dem Essen geht es zum **Wat Pho** *(siehe S. 18f)*, wo Sie sich von der Qualität der dortigen Massageschule überzeugen können, und dann ins **Nationalmuseum** *(siehe S. 16f)*. Nach dem Dinner im **Blue Elephant** *(siehe S. 99)* bringt Sie ein Boot von Saphan Taksin zum Nachtmarkt **Asiatique The Riverfront** *(siehe S. 60)* mit dem **Calypso Cabaret** *(siehe S. 101)*.

Tag ❷

Vormittags

Erst bringt Sie ein Wassertaxi zum **Wat Arun** *(siehe S. 30f)*, dann ein Boot auf dem Khlong Saen Saep bis zum **Jim-Thompson-Haus** *(siehe S. 28f)*. Dort lebte der Mann, der Thailands Seidenindustrie wiederbelebte.

Nachmittags

Besuchen Sie die Shoppingmalls an der **Rama I Road** *(siehe S. 89)*, danach genießen Sie traditionellen Tanz im **Muangthai Rachadalai Theatre** *(siehe S. 101)*.

Vier Tage in Bangkok

Tag ❶

Vormittags

Am Westufer des Chao Phraya warten der **Wat Arun** *(siehe S. 30f)* und

Der schwimmende Markt von Damnoen Saduak ist bekannt für »Bootnudeln«: Die traditionelle Köstlichkeit wird direkt auf dem Kanal in *sampans* (Ruderbooten) zubereitet.

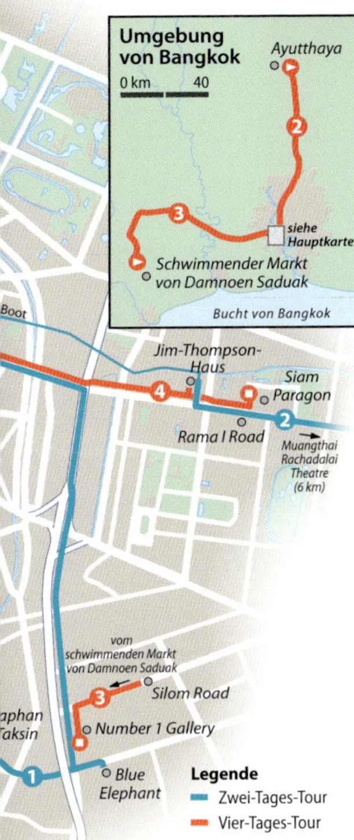

das **Königliche Barkenmuseum** *(siehe S. 96)* auf Ihren Besuch.

Nachmittags

Nach **Wat Phra Kaeo** *(siehe S. 12f)*, **Großem Palast** *(siehe S. 14f)* und **Nationalmuseum** *(siehe S. 16f)* gibt es Dinner am Fluss und Jazz im **Brown Sugar: The Jazz Boutique** *(siehe S. 74)*.

Tag ❷

Vormittags

Fahren Sie nach **Ayutthaya** *(siehe S. 32–35)*. Die Tempel und Museen der alten Hauptstadt besucht man am besten per Rad oder Tuk-Tuk.

Nachmittags

Zurück in der Stadt gönnen Sie sich den Besuch in einem Spa *(siehe S. 44f)*, den Sonnenuntergang genießen Sie in **Tha Maharaj** *(siehe S. 73)*.

Tag ❸

Vormittags

Um den **schwimmenden Markt von Damnoen Saduak** *(siehe S. 24f)* zu erkunden, sollten Sie früh starten.

Nachmittags

Die **Number 1 Gallery** (19 Soi Silom 21) zeigt zeitgenössische Kunst.

Tag ❹

Vormittags

Beim Besuch des **Wat Pho** *(siehe S. 18f)* können Sie den riesigen liegenden Buddha bestaunen und eine traditionelle Massage genießen.

Nachmittags

Nach dem **Jim-Thompson-Haus** *(siehe S. 28f)* geht es zum Shoppen ins **Siam Paragon** *(siehe S. 89)* oder eine andere Mall der Rama I Road.

Das Jim-Thompson-Haus ist eine wahre Schatztruhe in Sachen südostasiatischer Kunst und Antiquitäten.

Highlights

Säulengang mit Buddhas im Tempel Wat Arun

TOP 10 Highlights

Betörend, verwirrend, spirituell sinnlich – Bangkok ist eine der faszinierendsten Städte Asiens. Es lockt mit glanzvollen Tempeln und Museen, mit reizvollen Känalen und mit Märkten, wo man sich unter die Einwohner mischen kann. Auch Shopping und Nachtleben stehen hoch im Kurs.

Wat Phra Kaeo ①

Der Tempel – ein Wunderwerk aus Farben und Formen – ist Thailands heiligste Stätte und präsentiert thailändische Kunst und Architektur in Perfektion *(siehe S. 12f)*.

② Großer Palast

Der funkelnde Komplex aus historischen Bauten, Pavillons, Höfen und Gärten ist Pflichtprogramm beim Bangkok-Besuch *(siehe S. 14f)*.

③ Nationalmuseum

Als eines der größten Museen Asiens präsentiert das Haus unschätzbare Kunstwerke, die von Thailands langer und ereignisreicher Geschichte zeugen *(siehe S. 16f)*.

④ Wat Pho

Bangkoks größter und auch ältester Tempel – einst ein bedeutendes Bildungszentrum – beherbergt einen imposanten liegenden Buddha und eine Schule für Thai-Massage *(siehe S. 18f)*.

Kanäle ⑤

Lange waren Boote hier Hauptverkehrsmittel und noch heute bestimmen die Wasserwege vielerorts den Alltag *(siehe S. 20f)*.

6 Schwimmender Markt von Damnoen Saduak

Auch wenn der Markt extra als Touristenattraktion angelegt wurde, lohnen Farbenpracht, Vielfalt an Gerüchen und die lautstarken Händler den Besuch *(siehe S. 24f)*.

7 Chatuchak-Wochenendmarkt

Beim Bummel über Bangkoks größten Markt erlebt man wahre Thai-Kultur – und entdeckt zudem so manches tolle Souvenir *(siehe S. 26f)*.

8 Jim-Thompson-Haus

Ein schönes Beispiel für thailändische Teakholz-Architektur: Das Haupthaus präsentiert sich noch wie zu Lebzeiten des Mannes, der Thai-Seide berühmt machte *(siehe S. 28f)*.

9 Wat Arun

Die fünf *prang* (Türme) des imposanten Tempels stehen oft als Symbol für die Stadt. Die Anlage spielte bei der Entwicklung Bangkoks eine wichtige Rolle und ist eine der beliebtesten Attraktionen der Stadt *(siehe S. 30f)*.

10 Ayutthaya

Der Geschichtspark Ayutthaya bietet sich für einen Tagesausflug an. Relikte der *chedis* (Stupas) und kunstvolle Buddha-Bildnisse lassen die Pracht der einstigen Hauptstadt erahnen *(siehe S. 32–35)*.

TOP 10 Wat Phra Kaeo

Der heiligste Tempel des Landes beherbergt den Smaragd-Buddha (Phra Kaeo Morakot), Thailands Nationalheiligtum. Er bildet einen geschlossenen Bezirk des Großen Palasts *(siehe S. 14f)* und diente als königliche Gebetsstätte. Mönche leben hier keine. Die Anlage, ein wunderbarer Beleg für thailändische Kunst und Architektur, wird sorgsam gepflegt. Zu bestaunen sind schlanke *chedis* (Stupas), glitzernde Mosaiken und verzierte Skulpturen wie die bizarren *yakshas* (Riesen aus der thailändischen Mythologie) an den Eingangstoren.

1 *Ramakien*-Wandbilder

178 Wandbilder mit Szenen aus der thailändischen Fassung des Hindu-Epos *Ramayana (oben)* zieren etwa einen Kilometer Klostermauer. Sie bestechen durch Detailreichtum und Farbenpracht.

2 Phra Mondop

Der Bau auf der oberen Terrasse birgt heilige buddhistische Schriften. Grüne Mosaiken bilden den Hintergrund für die Stein-Buddhas in jeder Ecke.

3 Phra Si Rattana Chedi

Der funkelnde kegelförmige Stupa, der auf der oberen Terrasse neben dem Phra Mondop thront, ist aus goldenen Fliesen im sri-lankischen Stil erbaut.

4 Königliches Pantheon

Das Pantheon *(links)*, eines von drei hohen Gebäuden auf der oberen Terrasse, geht auf die Regierungszeit von Rama IV. *(siehe S. 38)* zurück und birgt lebensgroße Statuen einstiger Chakri-Herrscher.

5 Modell des Angkor Wat

Hinter dem Phra Mondop steht ein maßstabsgetreues Modell des Angkor Wat. Es entstand zur Zeit Ramas IV., als Kambodscha zu Siam gehörte.

6 Wihan Yot

Die kunstvoll verzierte Gebetshalle nördlich des Phra Mondop, auch als »Porzellan-*wihan*« bekannt, schmücken mehrere Buddha-Bildnisse, darunter der aus Ayutthaya gerettete Nak-Buddha.

7 Smaragd-Buddha

Thailands bedeutendstes Heiligtum *(links)* ist nur 66 Zentimeter groß und nicht aus Smaragd, sondern aus Jade – vermutlich in Sri Lanka aus einem Stück geschnitzt. Ehe Rama I. den Buddha nach Bangkok brachte, stand er in Chiang Rai, Lampang und Laos.

Mythologische Tempelwächter

Die Eingänge von Thai-Tempeln werden oft von furchterregenden Figuren bewacht – Wesen aus dem legendären Himaphan-Wald, einer Art buddhistischem Shangri-La im Himalaja. Die löwenähnliche Figur *singha* sitzt meist auf Torpfosten, grell bemalte *yakshas* thronen über den Toren, vielköpfige Schlangen namens *naga* flankieren Treppen, das schwanenähnliche Geschöpf *hongsa* ziert in der Regel Tempeldächer.

Der »Tempel des Smaragd-Buddha« beim Großen Palast

8 Bot

Die Halle, die den viel verehrten Smaragd-Buddha beherbergt, ist der meistbesuchte Teil des Tempels. Wandgemälde zieren den Innenraum. Da sehr viele Thai herpilgern, um dem als wundertätig geltenden Buddha-Bildnis ihre Ehre zu erweisen, ist die Luft stets von Weihrauch geschwängert.

Infobox

Karte B4 ■ Großer Palast, Na Phra Lan Road ■ Chao Phraya Express bis Tha Chang ■ www.royalgrandpalace.th/en/home

■ tägl. 8.30–15.30 Uhr

■ Eintritt 500 B (Ticket für Großen Palast, *siehe S. 14*)

■ Der Tempel ist Gebetsstätte und erfordert angemessene Kleidung. In kurzen, zu engen oder zerrissenen Hosen, im Minirock, ärmellos, bauchfrei oder durchsichtig gekleidet darf man die Anlage nicht betreten. Bei Bedarf kann man sich am Eingang etwas zum Bedecken leihen.

■ Wenden Sie sich vom Ticketschalter aus nach links, um zum Tempel zu gelangen.

9 Hor Phra Nak & Hor Phra Monthien Tham

Den Wihan Yot auf der Nordterrasse flankieren das Hor Phra Nak, ein königliches Mausoleum mit den Urnen der Herrscherfamilie, und das Hor Phra Monthien Tham, eine Bibliothek, die über wunderschöne Türen mit Perlmuttintarsien verfügt.

10 Kapelle des Gandahara-Buddha

In der südöstlichen Ecke der Tempelanlage steht eine kleine Kapelle mit schön bemalten, üblicherweise verschlossenen Türen. Dahinter steht ein Buddha, der in der Königlichen Pflugzeremonie *(siehe S. 64)* um Regen angerufen wird.

TOP 10 Großer Palast

Rama I. (1782–1809) ließ Bangkok 1782 zu Siams Hauptstadt ausbauen und für den Smaragd-Buddha den Wat Phra Kaeo *(siehe S. 12f)* errichten. Im Jahr 1784 entstand auf Geheiß des Monarchen der Große Palast als Wohnstätte der Königsfamilie. Spätere Herrscher sorgten für diverse Umbauten. Seit Anfang des 20. Jahrhunderts wohnt hier kein König mehr, doch die Gebäude, Zeremonienhallen, Pavillons und Gärten zeugen noch von der Verschmelzung thailändischer und westlicher Ästhetik.

1 Dusit-Thronhalle

Der Bau mit dem vierfach gestaffelten Dach und dem Teakholzthron Ramas I. *(links)* zieht die meisten Besucher an.

2 Amarin-Winichai-Halle

Ursprünglich wurde in diesem Gebäude ausländischen Gästen Audienz gewährt. Sein Inneres zieren bunte Wandmalereien und der imposante Busabok-Mala-Thron Ramas I. Heute wird die Halle für Staatszeremonien genutzt, wochentags ist sie aber für jedermann geöffnet.

3 Innerer Palast

Bis zur Herrschaft von Rama VII. (1925–35) bewohnten den Inneren Palast nur Frauen. Der König hatte als einziger Mann Zutritt. Inzwischen ist in den Räumen eine Schule für die Töchter bedeutender Familien untergebracht.

4 Chakri Maha Prasat

Herzstück des Großen Palasts ist die 1882 von Rama V. (1868–1910) erbaute Chakri-Thronhalle *(unten)* – ein reizvoller Mix aus Thai- und westlicher Architektur –, in der die Urnen der Chakri-Könige aufbewahrt werden.

Infobox

Karte B4 ■ Na Phra Lan Road ■ Chao Phraya Express bis Tha Chang ■ www.royalgrandpalace.th/en/home

■ tägl. 8.30–15.30 Uhr

■ Eintritt 500 B (inkl. Wat Phra Kaeo & Queen Sirikit Museum)

Queen Sirikit Museum of Textiles: +66 2 225 9420 ■ tägl. 9–16.30 Uhr ■ Eintritt 150 B ■ www.qsmtthailand.org

■ Wer hier auch Gebetsstätten wie den Wat Phra Kaeo betreten möchte, muss angemessen gekleidet sein *(siehe S. 13)*.

■ Nehmen Sie etwas zu trinken mit – das einzige Café der Anlage liegt neben der Dusit-Thronhalle am Ende der Tour.

5 Krailas-Modell

Hinter der Dusit-Thronhalle steht ein verziertes Modell des Bergs Krailas, der in der hinduistischen und buddhistischen Mythologie als zentraler Berg des Universums gilt. Königskindern schnitt man hier zeremoniell zum Zeichen des Erwachsenwerdens den Haarknoten ab.

7 Aphonphimok-Pavillon

Der hübsche Pavillon *(rechts)* diente Rama IV. (1851–68) als Ankleideraum für Audienzen in der benachbarten Dusit-Thronhalle. Das mehrstöckige Dach sowie die goldenen Verzierungen sind typisch für die traditionelle thailändische Architektur.

Der Große Palast in abendlicher Beleuchtung

6 Phaisan-Thaksin-Halle

Die Halle dient einzig und allein für Krönungszeremonien und ist für Besucher nicht zugänglich. Sie birgt den Krönungsstuhl und die Wächterfigur Phra Siam Thewathirat.

8 Siwalai-Gärten

In den gepflegten Gärten, die gern für offizielle Empfänge genutzt wurden, stehen zwei Gebäude: Der Phra Buddha Ratana Sathan entstand als persönliche Kapelle für Rama IV., die klassizistische Boromphiman-Villa ließ Rama V. für den Kronprinzen errichten. Letztere dient heute als Gästehaus für angereiste Würdenträger.

9 Wat-Phra-Kaeo-Museum

Das Museum zeigt Artefakte, die bei der Renovierung des Palasts geborgen wurden, darunter Roben des Smaragd-Buddha *(siehe S. 13)*.

10 Queen Sirikit Museum of Textiles

Der weiße Marmorbau war einst königliches Schatzhaus und dient heute als Museum für zeremonielle Gewänder und andere Königsgarderobe. Neben viel thailändischer Seide finden sich auch Stücke aus anderen Teilen Asiens.

Kurzführer

Besucher betreten den Komplex durch das Tor an der Na Phra Lan Road. Der Ticketschalter befindet sich linker Hand an der westlichen Mauer des Wat Phra Kaeo. Hier kann man sich entweder einem Führer anschließen oder nach einem Audioführer fragen und eigenständig auf Tour gehen. Es empfiehlt sich, den Wat Phra Kaeo im Uhrzeigersinn zu besichtigen, ehe man den Rest des Großen Palasts erkundet. Planen Sie für Ihren Besuch mindestens zwei Stunden ein.

TOP 10 Nationalmuseum

Thailands führendes Museum gibt einen guten Einblick in die Geschichte des Landes. Zu den kostbarsten Schätzen zählen die Buddhaisawan-Kapelle und der Phra-Sihing-Buddha. Weitere Glanzstücke sind die Fragmente der Dvaravati- und Srivijaya-Statuen sowie die königlichen Bestattungswagen.

1 Buddhaisawan-Kapelle

Die wunderbare Kapelle im Zentrum des Museums *(oben)* wurde 1787 für den Vizekönig erbaut. Prachtvolle Wandmalereien, glänzende Böden, goldene Buddha-Bildnisse und eine friedvolle Atmosphäre prägen den schönen Ort.

2 Ayutthaya-Kunst

Die Galerie birgt riesige, ausdrucksstarke Buddha-Köpfe und prächtige Skriptenschränke, die mit Szenen aus der Blütezeit Ayutthayas *(siehe S. 32–35)* verziert sind.

3 Rattanakosin-Kunst

In der Rattanakosin-Periode (18.–20. Jh.) mischten sich westliche Einflüsse in die traditionelle Thai-Kunst. In der Galerie im Nordflügel sind einige Beispiele *(rechts)* zu sehen.

4 Lanna-Kunst

Die hier präsentierten kleinen Buddha-Bildnisse stammen aus dem nördlichen Siam der Lanna-Zeit (13.–16. Jh.).

5 Phra-Sihing-Buddha

Die kleine, im Sukhothai-Stil gestaltete Statuette, die hier – in goldenes Licht getaucht – auf einem Podest in der Buddhaisawan-Kapelle steht, ist eine von drei sehr ähnlichen Figuren. Welche davon nun tatsächlich das Original ist, kann niemand mit Gewissheit sagen.

6 Roter Pavillon

Dieses schöne Exemplar eines Teakholzhauses im Ayutthaya-Stil bewohnte einst Sri Sudarak, die ältere Schwester Ramas I. Herrliche Schnitzereien zieren das mehrstöckige Dach, im Inneren finden sich antike königliche Möbel.

7 Thailands Vergangenheit

Eine Ausstellung in der alten Sivamokhaphiman-Thronhalle präsentiert in herausragender Weise gut 100 schöne Beispiele thailändischer Kunst und Antiquitäten.

Infobox

Karte B3 ■ Na Phra That Road ■ Chao Phraya Express bis Tha Chang ■ +66 2 224 1333 ■ www.finearts.go.th/museumbangkok

■ Mi–So 9–16 Uhr

■ Eintritt 200 B

■ Mittwochs und donnerstags gibt es um 9.30 Uhr kostenlose Führungen auf Englisch, Deutsch, Französisch und Japanisch. Sie starten am Ticketschalter.

■ Das Museum ist sehr weitläufig, doch in einigen Ecken laden Sitzgelegenheiten müde Besucher zum Rasten ein.

■ Direkt beim Eingang gibt es ein Café, das Snacks, gekühlte Getränke und Eiscreme anbietet.

8 Sukhothai-Kunst

Die Sukhothai-Periode (13.– Anfang 15. Jh.) gilt vielen als Höhepunkt in der thailändischen Kunst. Die fließenden Linien der gehenden und sitzenden Buddhas *(rechts)* aus jener Zeit stützen die Einschätzung.

9 Galerie der königlichen Bestattungswagen

Mit den prunkvoll gestalteten Bestattungswagen aus vergoldetem Teakholz fuhr man einst die Könige des Landes zur Einäscherung. Die einzelnen Gefährte wiegen mehrere Tonnen und wurden von Hunderten Männern gezogen.

Geschichte des Museums

Der Wang Na (Vorderer Palast) wurde 1782 unter Rama I. für dessen jüngeren Bruder, den Vizekönig, erbaut. Rama V. schaffte das Amt des Vizekönigs ab und richtete in dem Gebäude 1887 ein öffentliches Museum ein. Er wollte seinen Untertanen Gelegenheit bieten, ihr reiches kulturelles Erbe in angemessenem Rahmen zu würdigen.

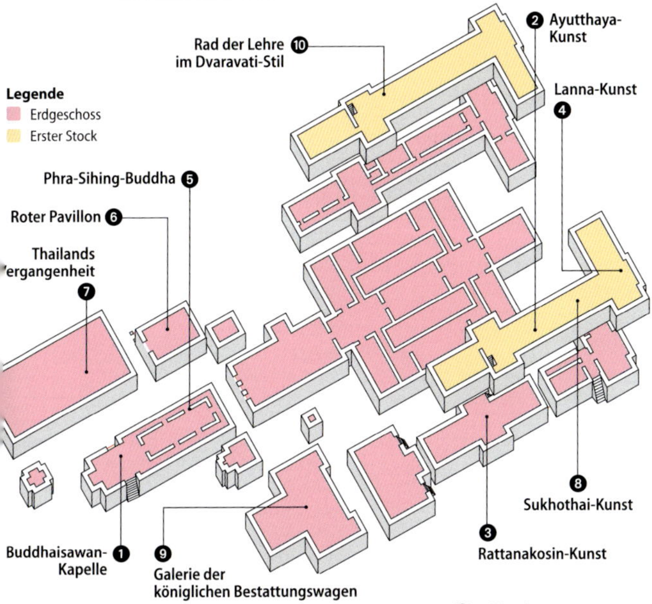

Legende
- Erdgeschoss
- Erster Stock

1 Buddhaisawan-Kapelle
2 Ayutthaya-Kunst
3 Rattanakosin-Kunst
4 Lanna-Kunst
5 Phra-Sihing-Buddha
6 Roter Pavillon
7 Thailands Vergangenheit
8 Sukhothai-Kunst
9 Galerie der königlichen Bestattungswagen
10 Rad der Lehre im Dvaravati-Stil

10 Rad der Lehre im Dvaravati-Stil

Im Südflügel findet sich ein schönes Beispiel für die Dvaravati-Kunst (6.–9. Jh.). Das Steinrad über der Hirschfigur *(links)* stammt aus dem 8. Jahrhundert und symbolisiert Buddhas erste Predigt im indischen Sarnath.

TOP 10 Wat Pho

Bangkoks ältester und größter Tempel *(wat)* beherbergt einen überaus eindrucksvollen liegenden Buddha. Der typische Thai-Tempel wurde im 16. Jahrhundert erbaut und unter Rama I. restauriert. Auf der Anlage leben Mönche, zudem gibt es eine Schule und Massagepavillons. Überall glänzen Statuen und mit Mosaiken geschmückte *chedis* (Stupas).

1 Liegender Buddha

Der 46 Meter lange liegende Buddha *(oben)* aus Backstein, Gips und Blattgold beherrscht den *wihan* (Versammlungshalle) in der nordwestlichen Ecke. Besucher wandern vom entspannten Gesicht zu den verzierten Fußsohlen.

2 Traditionelle Massage

Der Wat Pho ist als Zentrum für traditionelle Medizin bekannt und beheimatet seit den 1960er Jahren die wohl beste Massageschule Thailands. Erstklassig ausgebildete Masseure befreien Besucher von ihren Verspannungen. Zudem gibt es hier fünftägige Massagekurse.

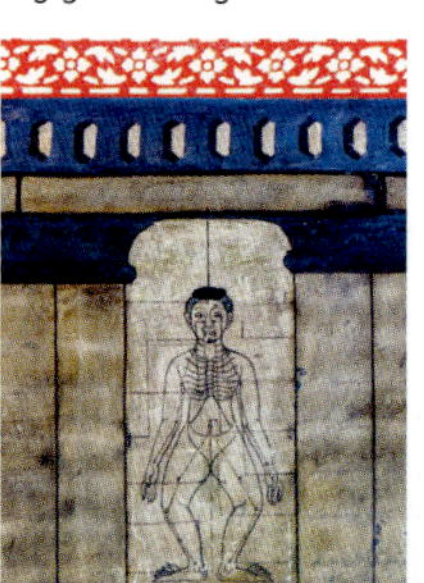

3 Füße des Buddhas

Die äußerst fein gearbeiteten Perlmuttintarsien an den gewaltigen Fußsohlen dieses liegenden Buddhas sind ein Beispiel höchster Handwerkskunst. Es handelt sich um Darstellungen der 108 *lakshana*, der heiligen Symbole des wahren Buddha.

4 Miniaturberge

Über die gesamte Anlage sind liebevoll gestaltete Miniaturberge verteilt. Auf den kleinen Felsen stehen Statuen von Einsiedlern in verschiedenen Haltungen. Sie sollen Heilpositionen für den Körper erklären.

5 Pavillon der Medizin

In dem Pavillon im Zentrum der Tempelanlage sind auf Steintafeln *(links)* die Druckpunkte gekennzeichnet, die bei einer traditionellen Thai-Massage stimuliert werden sollen.

Infobox

Karte B5 ■ Soi Chetuphon ■ Chao Phraya Express bis Tha Tien ■ +66 83 057 7100 ■ www.watpho.com

■ tägl. 8–18.30 Uhr

■ Eintritt 200 B

Thai-Massage: +66 2 662 3533 ■ tägl. 8–17 Uhr

■ Viele Besucher betreten das Gelände von Thanon Thai Wang aus, wo man direkt auf den liegenden Buddha trifft. Der Eingang bei Soi Chetuphon erlaubt, den Komplex in relativer Ruhe zu durchqueren, ehe man zur Hauptattraktion kommt.

■ Den westlichen Rand der Anlage säumen mehrere Imbissstände.

Liegende Buddhas

Anders als es scheint, soll ein liegender Buddha nicht symbolisieren, dass Buddha schläft oder sich ausruht. Während Bildnisse des sitzenden, stehenden oder gehenden Buddha dessen Suche nach Erleuchtung vermitteln, ist die liegende Figur Symbol dafür, dass Buddha das Nirwana und damit den Zustand der Erleuchtung und des absoluten Bewusstseins erreicht hat – also das Gegenteil von Erholung oder gar Schlaf.

6 Bot

Die Ordinationshalle ist der größte Bau des Wat Pho. Der Sockel der imposanten Buddhastatue im Innern enthält die Asche Ramas I.

7 Farang-Wächter

Die riesigen Steinfiguren mit Zylinder *(links)*, die westliche Ausländer *(farang)* karikieren, geben der Bildungsstätte einen skurrilen Touch. Die eigentümlichen Wächter stehen bei den Eingängen zum inneren Hof.

8 Phra Rabiang

Rama I. ließ einst 1200 Buddha-Statuen aus Nordthailand im Tempel aufstellen. Heute stehen rund 400 dieser goldenen Buddha-Statuen in Phra Rabiang, einem doppelten Wandelgang außerhalb der Zeremonienhalle.

9 Große Chedis

Am Wat Pho gibt es ca. 100 *chedis (links)*. Die vier bedeutendsten, die Großen Chedis im westlichen Hof, sind mit kunstvollen Porzellanmosaiken verziert und bergen die Asche von Königen und Relikte heiliger Buddha-Bildnisse.

10 Mönche & Gutis

Ein wenig abseits von den Hauptsehenswürdigkeiten des Tempelkomplexes sieht man Mönche *(unten)*, die im Wat Pho arbeiten. Sie wohnen in *gutis* – einfache Zimmer – im Süden der Anlage.

 Kanäle

Im 19. Jahrhundert war Bangkok das »Venedig des Ostens« – die Kanäle dienten als Hauptverkehrsadern. Viele Kanäle östlich des Chao Phraya wurden später zugeschüttet, um Straßen zu bauen, doch im Westen des Stroms findet sich noch heute ein weitverzweigtes Netz von Wasserwegen. Es bietet Besuchern einen Eindruck vom Leben am Kanal und Sehenswürdigkeiten wie den Wat Arun und das Königliche Barkenmuseum.

1 Schwimmende Händler

In Thonburi fahren noch immer schwimmende Händler von Haus zu Haus, um Waren von Speisen bis zu Plastikkörbchen anzubieten – vor allem morgens.

Infobox

Khlong Mon: Karte A5

Khlong Bangkok Noi: Karte A2

Khlong Saen Saep: Karte F4

Khlong Bangkok Yai: Karte B6

- Für eine Fahrt auf den Kanälen kann man an jedem Pier ein Langboot mieten (800–1000 B pro Std.), ein Tourboot besteigen oder den Saen Saep Express nehmen.
- Auf Touren wird man meist mit Erfrischungen versorgt oder hat Gelegenheit, bei schwimmenden Händlern Getränke und Snacks zu erstehen.

2 Traditionelle Thai-Häuser

Die Kanäle westlich des Chao Phraya säumen traditionelle, auf Pfählen erbaute Wohnhäuser mit steilen Satteldächern und offenen Veranden *(unten)*.

3 Khlong Mon

Der Kanal zweigt nördlich des Wat Arun vom Chao Phraya ab. Am Weg lädt eine Orchideenfarm zum Besuch ein, ehe man die Wasserstraße weiter erkundet.

4 Boote

Es macht wirklich Spaß, am Ufer zu sitzen und die vielen Boote zu beobachten: riesige Barken, die mit dem Strom treiben, kleine Fähren, die die Ufer verbinden, oder sogenannte Langschwanzboote *(oben)*, die graziös vorübergleiten.

5 Wat Arun

Der von Rama I. errichtete »Tempel der Morgenröte« präsentiert fünf besonders markante, mit unzähligen farbenfrohen Porzellanstückchen geschmückte Türme *(siehe S. 30f)*.

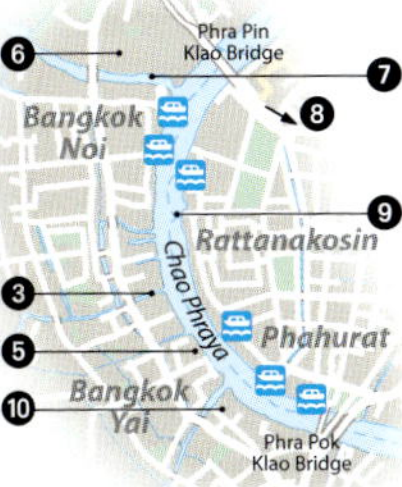

8 Königliches Barkenmuseum

Das Museum präsentiert eine ganze Reihe der etwa 50 Meter langen, reich verzierten Barken *(rechts)*, die für königliche Prozessionen genutzt werden. Texttafeln erklären den Gebrauch; in Schaukästen sind Gewänder der Ruderer ausgestellt *(siehe S. 96)*.

7 Khlong Bangkok Noi

Was heute ein *khlong* (Kanal) ist, war einst die Hauptwasserstraße des Chao Phraya. Wo der Kanal in den Fluss mündet, findet sich das Barkenmuseum. Ein Stück weiter steht der Wat Suwannaram mit prächtigen Wandmalereien.

10 Khlong Bangkok Yai

Den Kanal befahren viele Tourboote: Er führt zum Wat Kalayana mit dem riesigen Buddha und zum für seine Amulette berühmten Wat Pak Nam. Weitere Ziele sind eine Schlangenfarm sowie ein schwimmender Markt am Khlong Dao Khanong.

8 Khlong Saen Saep

Auf dem Kanal *(rechts)* gelangt man schnell und bequem vom Zentrum in die Altstadt. Der Saen Saep Express fährt von Pratunam bis zur Phan Fa Lilat Bridge nahe dem Goldenen Hügel.

Chao Phraya Express

Der Flussbus ist die beste Art, den Chao Phraya zu erkunden. Auf dem zentralen Stück zwischen Sathorn (Central) an der Taksin Bridge und Phra Athit in Banglamphu passiert der Chao Phraya Express in rund 30 Minuten Sehenswürdigkeiten wie die Kirche von Santa Cruz *(siehe S. 98)* und die Tempel Wat Arun, Wat Phra Kaeo *(siehe S. 12f)* und Wat Rakhang *(siehe S. 98)*. Weitere Informationen bietet die Website www.chaophrayaexpressboat.com.

9 Chao Phraya – Fluss der Könige

Ohne den Chao Phraya *(unten)* gäbe es ganz Bangkok nicht. Der nach Chao Phraya Chakri, dem Gründer der Chakri-Dynastie *(siehe S. 38)*, benannte Strom war schon immer die Lebensader der Nation und Verkehrsweg für zahllose Boote aller Art.

Folgende Doppelseite Kunstvoll verzierter *mondop* des Wat Pho

TOP 10 ★ Schwimmender Markt von Damnoen Saduak

Viele von Bangkoks Kanälen wurden aufgefüllt und mussten Straßen weichen, doch der schwimmende Markt von Damnoen Saduak ist noch immer in Betrieb, und zwar für Besucher. Sie können hier das Labyrinth der belebten Kanäle erkunden und frische, einheimische Lebensmittel von den traditionell blau gekleideten Händlern probieren. Auch verschiedene Souvenirs werden angeboten.

1 Früchte

Auf vielen der einfachen Boote werden frisch gepflückte Pomelos, Bananen, Rosenäpfel und Jackfrüchte angeboten *(oben)*.

2 Brücke

Es gibt zahllose Möglichkeiten, den farbenprächtigen Markt vom Boot aus zu fotografieren, der Klassiker ist aber der Blick von der Brücke am Ton-Kem-Markt.

3 Obstplantagen

Einige Touren zum schwimmenden Markt von Damnoen Saduak ermöglichen auch den Besuch einer der nahe gelegenen Obstplantagen. In diesen Gärten kann man köstliche reife Früchte probieren.

4 »Bootnudeln«

Es ist wahrlich beeindruckend, wie man in derart kleinen Kähnen leckere *kuai tiao ruea* – sogenannte Bootnudeln – zubereiten und servieren kann, ohne dabei zu kleckern *(unten)*. Nudellokale nutzen deren Beliebtheit gern in Werbebildern.

5 Ton-Kem-Markt

Der schwimmende Markt von Damnoen Saduak besteht eigentlich aus drei separaten Märkten – der Ton-Kem-Markt auf dem Khlong Damnoen Saduak *(unten)* ist der größte und beliebteste. Nicht selten kommt es wegen der vielen Händler- und Ausflugsboote zu massiven Staus.

»Floating Markets«

Wer in und um Bangkok einen schwimmenden Markt besuchen möchte, kommt in der Regel nach Damnoen Saduak, doch es gibt mehr dieser Märkte – Amphawa, Tha Kha, Lam Phya, Don Wai, Wat Sai, Taling Chan –, wenn auch nicht an jedem Tag. Die beiden Letzteren liegen zentrumsnah, sind aber einzig auf Touristen ausgerichtet und haben bei Weitem nicht das Flair von Damnoen Saduak.

8 Boote

Die meisten Händler nutzen *sampans* – einfache Ruderboote mit flachem Bug und Heck, die sich leicht manövrieren lassen und über ausreichend Ladefläche verfügen *(links)*. Besucher bevorzugen hingegen motorisierte »Langschwanzboote«, die oft auch mit Sonnen- bzw. Regenschutz ausgestattet sind.

9 Schwimmende Händler

Ein *sampan* bietet keinen Schutz vor Sonne oder Regen. Deshalb tragen die meisten Verkäufer einen *ngob*, den traditionellen luftigen Strohhut mit breiter Krempe. Oft sieht man dazu das für das ländliche Thailand typische kragenlose Baumwollhemd.

6 Hia-Kui-Markt

Südlich von Ton Kem liegt der von Urlaubern weniger frequentierte Hia-Kui-Markt, der dadurch auch authentischer wirkt. Reisegruppen steuern mitunter die Souvenirstände an den Kanalufern an.

7 Khun-Pitak-Markt

Der südlichste der drei schwimmenden Märkte ist der ruhigste, doch für westliche Begriffe ist das morgendliche Gedränge, wenn sich die Leute mit frischen Erzeugnissen eindecken, groß genug.

Infobox

Karte S2 ■ 100 km südwestl. von Bangkok ■ AC-Bus oder Minibus ab Southern Terminal ■ www.floating-market-bangkok.com

■ Wer das Flair von Damnoen Saduak richtig genießen möchte, sollte in einem nahen Gasthaus übernachten und den Markt gleich frühmorgens besuchen – bevor zwischen 9 und 10 Uhr die Reisebusse ankommen.

■ Bei geführten Touren sind Erfrischungen in der Regel inbegriffen. Wer auf eigene Faust unterwegs ist, kann sich bei einem der vielen Händler versorgen.

10 Souvenirs

Da hier jeden Morgen Urlauber in Scharen ankommen, betreiben viele Einheimische an den Ufern der Kanäle Souvenirstände mit traditionellen Hüten *(oben)*, Seidentäschchen, geschnitzten Seifen und bunten Postkarten mit Marktmotiven.

TOP 10 Chatuchak-Wochenendmarkt

Der Markt im Distrikt Chatuchak, der jedes Wochenende stattfindet, ist der größte in Thailand. An manchen Tagen wird das Shoppingparadies von mehr als 250 000 Menschen besucht. Das riesige Gelände mit über 15 000 Ständen ist in Sektionen unterteilt – so findet jeder recht schnell, was er sucht.

1 Wohndekor

Artikel aus den Sektionen 2 bis 7 verschönern das Heim *(links)*. Für sperrige Objekte bieten auf dem Markt ansässige Lieferdienste den Versand nach Hause an.

2 Kunsthandwerk

Thailändische Handwerkskunst ist weltberühmt. Ob Holzschnitzereien, Korbwaren, Seide, Keramik, Lackarbeiten, Silberschmuck oder Musikinstrumente – in Sektion 8 werden Einkaufswütige fündig. Mit etwas Glück bekommen Sie hier alle Mitbringsel für die Lieben zu Hause auf einen Streich.

3 Pflanzen

In den Sektionen 3 und 4 können Pflanzenliebhaber Obstbäumchen, duftenden Jasmin, Rosenbüsche oder zarte Orchideen erstehen. Auch Blumentöpfe und diverse Gartengeräte sind hier zu finden.

4 Chatuchak-Park

Wenn das Gedränge auf dem Markt zu groß wird, lockt nördlich davon der Chatuchak-Park *(unten)* zum Entspannen. Längs des Parks wurde ein künstlicher See angelegt. Auch zum Bangkok Butterfly Garden *(siehe S. 51)* ist es nicht weit.

Infobox

Karte T5 ■ Thanon Phahonyothin ■ Skytrain Mo Chit, Metro Chatuchak Park oder Kampaeng Phet ■ www.chatuchakmarket.org

■ Sa & So 9–18 Uhr, Mi & Do 7–18 Uhr (nur Pflanzen)

■ Gehen Sie am besten vormittags shoppen, so vermeiden Sie die größte Hitze. Feilschen gehört hier zum guten Ton. Oft kann man damit bis zur Hälfte des Preises sparen.

■ Einfache Stadtpläne gibt es in ganz Bangkok gratis, doch detaillierter ist *Nancy Chandler's Map of Bangkok*. Die in Buchläden und Hotels erhältliche Broschüre enthält Tipps für Chatuchak.

■ Klimatisiert und gut essen können Sie in den Restaurants der »Dream Section«.

7 Uhrturm

Der hohe Uhrturm *(links)* im Zentrum des Markts ist ein hervorragender Treff- und Orientierungspunkt, da man ihn von vielen Stellen aus sehen kann. Sollten Sie sich verirren, gehen Sie zum Turm und orientieren Sie sich neu.

Gefährdete Arten

Thailand ist ein berüchtigter Umschlagplatz für gefährdete Tierarten aus den Nachbarstaaten. Bei Razzien auf Märkten wie dem Chatuchak-Wochenendmarkt entdeckt man immer wieder Tiere, die unter grausamen Bedingungen gehalten werden. Besucher bekommen von den illegalen Geschäften in der Regel nichts mit. Das meiste geschieht im Verborgenen.

10 Antiquitäten

In Sektion 26 gibt es alles an Antiquitäten – von Möbeln und Lampen über Buddha-Bildnisse *(links)*, Schnitzereien und Gemälde bis zu Uhren und Schmuck. Beim Kauf ist allerdings Vorsicht geboten: Bedenken Sie sowohl, dass Fälschungen weitverbreitet sind, als auch, dass Sie bei echten Antiquitäten die entsprechenden Papiere für die Zollabfertigung benötigen.

5 Bücher

Bücherwürmer werden Sektion 1 lieben, wo man neben Kunstbänden auch Erstausgaben und alte Magazine findet. Kommen Sie besser erst am Ende Ihres Marktbesuchs her – hier werden Einkaufstaschen schnell voll und schwer.

6 Essen & Trinken

Über 400 Imbiss- und Getränkebuden verteilen sich über den Markt. Viele der Stände haben sich auf ein Gericht spezialisiert – und Sie genießen Gaumenfreuden aus Expertenhand.

8 Künstler

In Sektion 7 stoßen Besucher auf einen ausgezeichneten Kunstmarkt. In den vielen kleinen Ateliers vor Ort entstehen preiswerte Gemälde wie auch teurere Werke. Man kann den Künstlern bei ihrem Schaffen zusehen und auch Reproduktionen in Auftrag geben.

9 Kleidung & Accessoires

Rund 5000 Stände auf dem Chatuchak-Markt verkaufen Kleidung und modische Accessoires oder Stoffe *(rechts)*; die meisten davon finden sich in den Sektionen 12, 14, 16, 18 und 20. Wegen der besonders niedrigen Preise herrscht in diesen Marktabschnitten das größte Gedränge.

TOP 10 Jim-Thompson-Haus

Der amerikanische Geschäftsmann Jim Thompson kam 1945 nach Bangkok und verhalf der darniederliegenden thailändischen Seidenweberei zu neuem Schwung. Sein traditionelles Thai-Haus – ein Verbund aus sechs kleineren, zum Großteil über 200 Jahre alten Teakhäusern – birgt schöne südostasiatische Antiquitäten, Bilder und Skulpturen.

1 Salon

An den großen, in Orangetönen gehaltenen Raum *(oben)* – Herzstück des Hauses – grenzt eine Terrasse. In beleuchteten Alkoven stehen ein im 14. Jahrhundert aus Sandstein gefertigter Buddha-Kopf und birmanische Holzfiguren.

2 *Jataka*-Gemälde

Beim Eingang zeigen Tafelbilder Szenen aus den *Jataka*-Erzählungen – Geschichten von der Inkarnation Buddhas. Sie stammen aus dem frühen 19. Jahrhundert.

3 Großes Schlafzimmer

Das mit Fotos des Hausherrn, Skulpturen und *Jataka*-Gemälden reich geschmückte Schlafzimmer bietet einen tollen Blick auf den Garten.

4 Speisezimmer

Wie vom großen Schlafzimmer genießt man auch vom Speisezimmer einen einmaligen Blick auf den Garten. Den Raum zieren diverse Objekte aus Ming-Porzellan sowie einige schöne Gemälde. Der stets wie zu Thompsons Zeiten gedeckte Esstisch besteht aus zwei zusammengerückten Mah-Jongg-Tischen.

5 Geisterhaus

In der Nähe des Kanals entdeckt man das liebevoll geschmückte Geisterhaus *(links)*. All die Blumen und Räucherstäbchen sind Opfergaben, die die Götter besänftigen sollen.

6 Garten

Ein üppiger, mit tropischen Blumen, Bananenstauden und Palmen bepflanzter Garten *(unten)* umgibt das Haus. Mehrere Teiche und Becken sorgen für Kühle.

Jim Thompsons Verschwinden

Am Ostersonntag 1967 machte Jim Thompson in Malaysias Cameron Highlands einen Spaziergang, von dem er nie zurückkehrte. Da er beim OSS (Office of Strategic Services), dem Vorläufer der CIA, tätig gewesen war, ging man von einer Entführung durch vietnamesische Kommunisten aus. Laut einer anderen Theorie wurde er überfahren und seine Leiche irgendwo vergraben.

8 Seidenweber von Ban Khrua

Thompson errichtete sein Wohnhaus hier am Khlong Saen Saep, weil am anderen Ufer in Ban Khrua die Seidenweber *(links)* lebten. So konnte er deren Arbeit leichter beaufsichtigen.

7 Teakholzhäuser

Die steilen Dächer der traditionellen, auf Stelzen errichteten Häuser sorgen für Belüftung, die nach innen geneigten Wände täuschen Höhe vor.

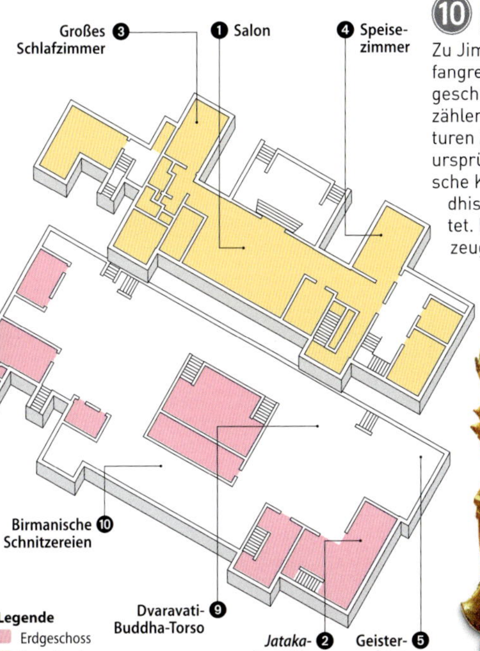

9 Dvaravati-Buddha-Torso

Das wohl bedeutendste Stück früher asiatischer Kunst, das hier bewundert werden kann, ist der Buddha-Torso, der während der Dvaravati-Ära (7.–9. Jh.) aus Kalkstein gefertigt wurde. Die Statue fand man einst in der Provinz Lopburi. Nun steht sie im Garten des Hauses.

10 Birmanische Schnitzereien

Zu Jim Thompsons umfangreicher Sammlung geschnitzter Holzfiguren zählen auch *Nat*-Skulpturen *(unten)* – dieser ursprünglich birmanische Kult ist im Buddhismus weitverbreitet. Die Schnitzereien zeugen allesamt von höchster Handwerkskunst.

Infobox

Karte P2 ■ 6 Soi Kasem San 2, Rama I Road ■ Skytrain National Stadium ■ +66 2 216 7368 ■ www.jimthompsonhouse.com

■ tägl. 10–18 Uhr (letzte Führung 17 Uhr)

■ Eintritt 200 B

■ Glauben Sie nicht den Schleppern, die behaupten, das Jim-Thompson-Haus sei geschlossen. Diese wollen Sie nur in bestimmte Läden locken und dafür Kommission kassieren.

■ Auf dem Anwesen werden u. a. Krawatten und Täschchen von Jim Thompson Silk verkauft, die sich prima als Souvenirs eignen. Im Jim Thompson Art Center sind faszinierende Wechselausstellungen zu sehen.

■ Ein Café-Restaurant auf dem Anwesen bietet Besuchern Rastgelegenheit und Stärkung an einem hübschen Teich.

TOP 10 ★ Wat Arun

Namensgeber für den Tempel ist Aruna, der indische Gott der Morgenröte. Es heißt, die Sonne ging gerade auf, als General Taksin 1767 hier ankam, um Thonburi zur Hauptstadt Siams zu machen. Die augenfälligen *prang* (Türme) – kunstvoll mit bunten Porzellanstückchen verkleidet – belegen Khmer-Einfluss.

Infobox

Karte B5 ■ 34 Arun Amarin Road ■ Fähre von Tha Tien ■ +66 2 891 2185 ■ www.watarun1.com/en ■ tägl. 9–16.30 Uhr ■ Eintritt 200 B

■ Der Tempel scheint Besuchern bereits vertraut: Seine Silhouette ist offizielles Logo des thailändischen Tourismusverbands.

■ Es gibt vor Ort kein Café, doch meist kommen fliegende Händler her, um Besuchern Getränke und Snacks zu verkaufen. Zur Sicherheit empfiehlt es sich, selbst eine Flasche Wasser mitzubringen.

■ Wer den Tempel am Nachmittag besucht, kann sich gegen Abend zu einem der Cafés und Restaurants am Ostufer des Chao Phraya aufmachen, um dort bei einem kühlen Getränk oder einem Imbiss den herrlichen Blick auf den Wat Arun bei Sonnenuntergang zu genießen.

1 Stufen

Die steile Treppe des zentralen *prang* symbolisiert die Schwierigkeiten, mit denen sich der nach Erleuchtung strebende Mensch konfrontiert sieht. Sie führt zu einer Terrasse mit Aussicht, doch das letzte Stück ist oft gesperrt.

2 Chinesische Wächter

An den Aufgängen zur ersten Terrasse stehen chinesische Wächterfiguren, die wohl einst Handelsschiffe als Ballast mitführten. Die Terrasse selbst zieren viele mythologische Wesen.

3 Flussansicht

Trotz Morgenröte im Namen: Den schönsten Anblick bietet der Wat Arun bei Sonnenuntergang. Am besten setzt man sich in eines der Cafés nahe Tha Tien und sieht zu, wie die Sonne hinter dem riesigen *prang* verschwindet *(unten)*.

4 Zentraler Prang

Der zentrale Turm *(oben)* wurde unter Rama III. (1824–51) auf die jetzige Höhe von 81 Metern aufgestockt. Er steht für den Berg Meru, Götterdomizil der hindu-buddhistischen Kosmologie. Die Spitze bildet ein Blitz, die Waffe des Gottes Indra, den man in Nischen des *prang* auf dem dreiköpfigen Elefanten Erawan reiten sieht.

Aufstieg und Fall des König Taksin

Taksin der Große (1768–82) war einer der erfolgreichsten Feldherren Siams. Er zog gegen Kambodscha, Laos und Malaysia ins Feld und verhalf Siam bis 1770 zur größten Ausdehnung. Letztlich fiel Taksin einem Putsch zum Opfer und man prügelte ihn zu Tode. Da königliches Blut keinesfalls »vergossen« werden durfte, steckte man ihn dazu in einen samtenen Sack.

5 Keramikdekor

Das bunte Mosaik *(oben)* der Türme ist quasi eine frühe Form von Recycling. Im 19. Jahrhundert führten chinesische Handelsschiffe Porzellanbruch als Ballast mit. Den nutzte man dann als Dekor.

6 Kinnaris

Mythologische Wesen sind beliebte Motive in Tempeln *(siehe S. 13)*. In Wandnischen auf der zweiten Ebene des zentralen *prang* verstecken sich *kinnaris* – halb Vogel, halb Frau –, die für ihre Sanges- und Tanzkunst bekannt sind.

7 Dekor der Nebentürme

Die kleineren *prang* stehen für die vier großen Meere. Sie werden von Dämonen und Affen gestützt und haben alle eine Nische mit einer Statue von Phra Pai, dem Gott des Windes.

8 Bot

Für den Buddha im *bot* (Ordinationshalle) stand offensichtlich Rama II. (1809–24) Modell. Dessen Asche ruht im Sockel der Statue *(links)*. Die Wandbilder stammen aus der Zeit Ramas V., zwei Riesen bewachen den Eingang des heiligen Baus.

9 Mondop

Die würfeligen Gebäude *(rechts)* dienen der Aufbewahrung heiliger Objekte – hier Buddhas in vier Lebensstationen: Geburt (Norden), Meditation (Osten), erste Predigt (Süden) und Erreichen des Nirwana (Westen).

10 Symbolische Ebenen

Der zentrale *prang* hat drei symbolische Ebenen: Der Sockel *(Traiphum)* steht für die Daseinswelten, die Mitte *(Tavatimsa)* für Begierdelosigkeit und die Spitze *(Devaphum)* für die sechs Himmel in sieben Sphären der Glückseligkeit.

TOP 10 Ayutthaya

Vom 14. Jahrhundert an war Ayutthaya Hauptstadt eines unabhängigen Königreichs. Im Jahr 1767 wurde die Stadt von den Birmanen geplündert – und erlangte nachher nie mehr die damalige Bedeutung. Die Ruinen von Ayutthaya, heute UNESCO-Welterbe, lassen die ehemalige Pracht und Größe noch recht gut erahnen.

2 Wat Thammikarat

In dem stimmungsvollen Tempel finden sich ein achteckiger *chedi* (Stupa) und ein *wihan*. Ein furchterregender *singha (links)* hält Wache.

3 Ayutthaya Historical Study Center

Hier erfährt man alles über die Geschichte der Stadt und ihrer Handelsbeziehungen. Modelle zeigen historische Häuser, Schiffe und mehr – z. B. auch den einst bedeutenden Wat Phra Si Sanphet, von dem nur noch wenig erhalten ist.

1 Wihan Phra Mongkhon Bophit

Dieser *wihan* (Versammlungshalle) entstand in den 1950er Jahren als Schutzdach für einen riesigen Bronze-Buddha aus dem 15. Jahrhundert.

4 Wat Phra Mahathat

Der zu Ayutthayas Blüte größte Tempel *(links)* ist eindrucksvoll, obwohl der zentrale *prang* fehlt. Geblieben sind kleinere Türme in Schieflage und ein von den Wurzeln eines Banyanbaums umwachsener Buddha-Kopf.

Infobox

Karte T1 ▪ 85 km nördl. von Bangkok ▪ www.ayutthaya-history.com

Ayutthaya Historical Study Center: +66 35 245 123 ▪ tägl. 9–17 Uhr ▪ Eintritt 100 B

Chao-Sam-Phraya-Nationalmuseum: +66 35 244 570 ▪ Mi–So 9–16 Uhr ▪ Eintritt 150 B

▪ Die Tempel sind in der Regel täglich von 8 bis 18 Uhr geöffnet, manche verlangen 50 Baht Eintritt.

▪ Einige Touranbieter fahren Sie mit dem Boot nach Ayutthaya – eine gute Option.

▪ Viele besuchen die Stadt per Minibus oder Tuk-Tuk, doch besser ist ein Fahrrad.

▪ Im Restaurant Malakor am Wat Ratchaburana gibt es westliche und Thai-Küche.

5 Chao-Sam-Phraya-Nationalmuseum

Die meisten Artefakte aus Ayutthaya, u. a. goldene Buddhas, wurden von birmanischen Invasoren oder Plünderern gestohlen. Die verbliebenen Stücke *(rechts)* zeigt dieses Museum.

Die Geschichte von Ayutthaya

Ayutthaya wurde im Jahr 1350 von König Ramathibodi I. gegründet. In den folgenden 400 Jahren erblühte das Reich. Es umfasste weite Teile der Region, die man heute als Thailand kennt; nur der Norden – das Königreich Lanna – bewahrte seine Unabhängigkeit. Europäische Händler schwärmten bei ihrer Rückkehr von der mondänen und perfekt organisierten Gesellschaft. Das Ende des prächtigen Reichs kam so schnell wie sein Aufstieg. Die Hauptstadt verfiel, nachdem sie 1767 von den Birmanen geplündert worden war.

6 Wat Phra Si Sanphet

Vom einst prächtigsten Tempel der Stadt *(unten)* stehen heute nur noch Reste des ehemaligen Königspalasts sowie drei *chedis* im sri-lankischen Stil, in denen die Asche der Könige Ayutthayas aufbewahrt wird – die Hauptattraktionen der Anlage.

8 Wang Luang

Die Ställe des im 15. Jahrhundert unter König Borommatrailokanat errichteten Palasts boten 100 Elefanten Platz. Die Birmanen schleiften die Anlage, weshalb heute lediglich noch die Fundamente zu sehen sind.

10 Wat Ratchaburana

Der Tempel gegenüber dem Wat Phra Mahathat, 1424 unter König Borommaracha II. erbaut, wird von einem zentralen *prang* im Khmer-Stil dominiert. 1957 wurde die darunterliegende Krypta aufgebrochen; die Diebe entkamen mit bedeutenden Kunstschätzen. Die wenigen Stücke, die sie dagelassen haben, sind im Chao-Sam-Phraya-Nationalmuseum ausgestellt. Zur Krypta führt eine steile Treppe mit herrlichen Fresken.

7 Wat Lokaya Sutharam

Glanzstück des Tempels ist ein großer, weiß getünchter liegender Buddha *(rechts)*. Die achteckigen Säulen drum herum stützten einst ein Holzdach; heute steht die Figur unter freiem Himmel.

9 Wat Phra Ram

Der im Jahr 1369 erbaute Tempel gehört zu den ältesten in Ayutthaya. Der zentrale *prang*, den Buddha-Bildnisse und mythische Gestalten *(siehe S. 13)* wie *nagas* und *garudas* zieren, wurde im 15. Jahrhundert angefügt.

Stätten in & um Ayutthaya

Pavillon Aisawan Thipphaya-at, Bang Pa-In

① Bang Pa-In

24 km südl. von Ayutthaya ▪ tägl. 8–16 Uhr ▪ Eintritt

Viele Ausflugstouren nach Ayutthaya führen auch zu dieser einstigen königlichen Sommerresidenz, einem Mix aus thailändischer und westlicher Architektur. Der Aisawan Thipphaya-at, ein Pavillon am See, ist ein beliebtes Fotomotiv.

② Wat Yai Chai Mongkol

2 km östl. von Ayutthaya ▪ tägl. 8–17 Uhr ▪ Eintritt

Die Hauptattraktionen des Tempels sind der riesige, von König Naresuan errichtete *chedi* (Stupa), die safrangelb gekleideten Laterit-Buddhas, die diesen umgeben, und ein großer liegender Buddha in der nordöstlichen Ecke der Anlage.

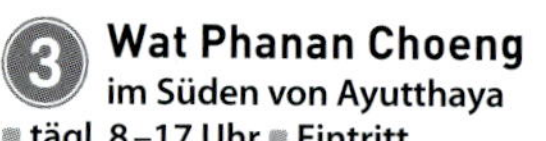

③ Wat Phanan Choeng

im Süden von Ayutthaya ▪ tägl. 8–17 Uhr ▪ Eintritt

Da sich in diesem Tempel aus dem 14. Jahrhundert der Schrein einer chinesischen Prinzessin befindet, pilgern besonders viele Chinesen hierher. Das Zentrum des Komplexes bildet ein 19 Meter hoher sitzender Buddha aus Bronze.

④ Lopburi

70 km nördl. von Ayutthaya

Die Stadt, eine der ältesten in Thailand, war ab dem 6. Jahrhundert ein bedeutendes Zentrum der Dvaravati-Kultur und diente Narai dem Großen *(siehe rechts)* wie auch Rama IV. *(siehe S. 38)* als zweite Hauptstadt. Narais Palast lohnt einen Besuch.

⑤ Chantarakasem-Palastmuseum

nordöstl. Ecke von Ayutthaya ▪ Mi–So 8.30–16 Uhr ▪ Eintritt

Ayutthayas ältestes Museum birgt u. a. das Thronpodest Ramas IV., schöne Tonwaren und Buddha-Bildnisse sowie eine Sammlung von Kanonen und Musketen.

⑥ Wat Na Phra Mane

im Norden von Ayutthaya ▪ tägl. 8–17 Uhr ▪ Eintritt

Der Tempel wurde von den birmanischen Invasoren weitaus weniger verwüstet als andere – sie nutzten ihn als Basislager. Hier findet sich ein großer, architektonisch eindrucksvoller *bot* (Zeremoniensaal) und ein kleiner *wihan* (Versammlungshalle) mit einem seltenen Stein-Buddha aus der Dvaravati-Ära.

Buddha im Wat Phanan Choeng

Wat Phu Khao Thong

2 km nordwestl. von Ayutthaya

Ein 80 Meter hoher, als »Goldener Berg« bekannter *chedi* dominiert die Tempelanlage. Wer ein Stück hinaufgeht, genießt einen schönen Blick über die Reisfelder.

Wat Puthaisawan

im Süden von Ayutthaya

Der Tempel liegt auf der anderen Flussseite, gegenüber Ayutthayas Zentrum. Den restaurierten *prang* aus dem 14. Jahrhundert umschließt ein Kreuzgang voller Buddhas.

Wat Chai Wattanaram

im Westen von Ayutthaya

Die Kambodschas Angkor Wat nachempfundene Tempelanlage aus dem 17. Jahrhundert wurde in den 1980er Jahren renoviert. Acht kleine Türme umgeben den zentralen *prang*.

10 St.-Joseph-Kirche

im Süden von Ayutthaya

Die Kirche wurde im 17. Jahrhundert für ausländische Händler errichtet, die Ayutthaya nur auf Einladung betreten durften. In dem im 19. Jahrhundert restaurierten christlichen Gotteshaus finden auch heute noch Messen statt.

Innenraum der St.-Joseph-Kirche

König Narai der Große

König Narai machte sich nicht zuletzt dadurch einen Namen, dass er diplomatische Beziehungen mit westlichen Ländern aufnahm und mit Konstantin Phaulkon einen Ausländer zu seinem obersten Vertrauten machte. Europäische Händler berichteten im Westen erstmals von Ayutthayas Reichtum und Schönheit. Phaulkon ermutigte Narai, eine französische Delegation ins Land einzuladen, um den holländischen Interessen etwas entgegenzusetzen. Schon bald bewahrheitete sich aber, was viele Siamesen bereits vermutet hatten: Die Franzosen waren offensichtlich nur daran interessiert, den König zum Christentum zu bekehren. Nach dem Tod Narais mussten alle französischen Abgesandten Ayutthaya verlassen.

Könige von Ayutthaya

1 Ramathibodi (1351–69)

2 Borommaracha I. (1370–88)

3 Borommaracha II. (1424–48)

4 Borommatrailokanat (1448–88)

5 Ramathibodi II. (1491–1529)

6 Naresuan (1590–1605)

7 Prasat Thong (1629–56)

8 Narai (1656–88)

9 Phra Phetracha (1688–1703)

10 Phumintharacha (1758–67)

König Narai der Große war, wie die meisten Könige Ayutthayas, ein Usurpator. Um den Thron zu besteigen, ließ er seinen Onkel, Si Suthammaracha, beseitigen.

Themen

Geschäftiges Treiben in der Shoppingmall CentralWorld

TOP 10 Historische Ereignisse

Rama V., König von Siam (1868–1910)

1 1767: Birmanen zerstören Ayutthaya

Ayutthaya *(siehe S. 32–35)* war fast 400 Jahre lang eines der mächtigsten Königreiche Asiens. 1767 wurde es von birmanischen Truppen zerstört. Obwohl die Birmanen innerhalb eines Jahres vertrieben wurden, empfand General Taksin Ayutthaya fortan als unsicher und erklärte Thonburi zur Hauptstadt von Siam, dem heutigen Thailand.

2 1782: Gründung Bangkoks

15 Jahre nach der Zerstörung Ayutthayas stürzte ein Putsch unter General Chao Phraya Chakri den autokratisch regierenden König Taksin *(siehe S. 31)*. Der Anführer begründete als Rama I. die Chakri-Dynastie. Kaum hatte er den Thron bestiegen, verlegte er die Hauptstadt ostwärts über den Fluss nach Bangkok.

3 1851: Krönung Ramas IV.

König Mongkut war 27 Jahre lang Mönch, bevor er als Rama IV. der Chakri-Dynastie den Thron bestieg. Viele Thai sehen in seiner Regentschaft die Geburt des modernen Siam – vor allem weil Rama IV. das Land durch diverse Abkommen dem Westen öffnete.

Rama IV., gekrönt im Jahr 1851

4 1868: Krönung Ramas V.

Nach dem Tod seines Vaters Rama IV. führte der 15-jährige Chulalongkorn als Rama V. die Chakri-Dynastie fort. Seiner über 40 Jahre andauernden Herrschaft ist es zu verdanken, dass Siam – im Gegensatz zu vielen anderen Ländern Südostasiens – keine Kolonie von Großbritannien oder Frankreich wurde.

5 1893: Erste Eisenbahnlinie

Rama V. verfolgte die Modernisierungspläne seines Vaters. 1893 wurde die erste Eisenbahnlinie eröffnet: Sie führte über eine Strecke von 22 Kilometern nach Pak Nam. Später wurde das Bahnnetz in Richtung Süden, Norden und Nordosten des Landes erweitert.

6 1932: Sturz der absoluten Monarchie

1932 beendeten ein unblutiger Staatsstreich und die Einführung der konstitutionellen Monarchie die absolute Macht der siamesischen Herrscher. Putsche und Gegenputsche prägten daraufhin die thailändische Politik bis zum Ende des 20. Jahrhunderts.

1946: Inthronisation Ramas IX.

Nach dem Tod seines Bruders Ananda Mahidol, der im Schlaf erschossen worden war, bestieg Bhumibol Adulyadej als Rama IX. den Thron. Als er im Jahr 2016 starb, war er mit einer Amtszeit von mehr als 70 Jahren das am längsten amtierende Staatsoberhaupt der Welt.

1992: Sturz der Militärregierung

Nach der brutalen Niederschlagung von Demonstrationen gegen die Militärregierung, die sich 1991 an die Macht geputscht hatte, bewirkte Rama IX. den Rücktritt von Premier Suchinda Kraprayoon und die Rückkehr zur Demokratie.

Demonstration gegen das Militär (1992)

2011: Thailands erste Premierministerin

Yingluck Shinawatra wurde als erste Frau Premierministerin, galt jedoch weithin als Marionette ihres Bruders Thaksin. 2014 wurde sie vom Verfassungsgericht ihres Amtes enthoben. Daraufhin folgte ein Staatsstreich, mit dem General Prayut Chan-o-cha die Regierungsgeschäfte übernahm.

10 2020: Studentenproteste

Die Proteste gegen die Militärjunta unter Premierminister Prayut Chan-o-cha zielten zunächst auf die Wiedereinsetzung einer demokratisch gewählten Regierung ab, umfassten später aber auch andere Themen wie das Recht auf Abtreibung und eine Bildungsreform.

Berühmte Thai

Die Zwillinge Chang und Eng Bunker

1 Chang & Eng Bunker
Die 1811 in Thailand (einst Siam) geborenen Brüder waren weltweit die ersten bekannten »Siamesischen Zwillinge«.

2 Plaek Pibulsonggram
Plaek Pibulsonggram war 15 Jahre lang Premierminister und Militärdiktator. Er benannte 1939 Siam in Thailand um.

3 Apasra Hongsakula
Die Schönheitskönigin wurde 1965 als erste Thailänderin »Miss Universe«.

4 Khaosai Galaxy
Der »Thai Tyson« war Boxweltmeister im Superfliegengewicht (1984–92). Er verteidigte seinen Titel 19 Mal.

5 Kukrit Pramoj
Thailands 13. Premierminister (1975/76) wurde 1985 für seine literarischen Arbeiten als National Artist geehrt.

6 Anand Panyarachun
In den 1990er Jahren war Panyarachun zweimal Premier. 1996 leitete er die überfällige Verfassungsreform ein.

7 Sirikit
Thailands derzeitige Königinmutter wird von allen geliebt. Ihr Geburtstag wird als Muttertag gefeiert.

8 Thongchai McIntyre
Thailands größtes Popidol trägt den Spitznamen »Bird«. Er ist auch als Film- und Fernsehschauspieler aktiv.

9 Chalermchai Kositpipat
Einer der bekanntesten Künstler Thailands lässt sich vom Buddhismus inspirieren. Er schuf u. a. eine Tempelanlage in der Provinz Chiang Rai.

10 Jay Fai
Fai, der als »Mozart der Nudelpfanne« bezeichnet wird, führt einen mit einem Michelin-Stern ausgezeichneten Straßenimbiss in Bangkok.

TOP 10 Buddhistische Tempel

1 Wat Bowonniwet

In dem Tempel von 1826 wurden und werden die thailändischen Könige ordiniert. Der Wat Bowonniwet ist eines der Zentren des Buddhismus im Land und birgt ungewöhnliche Fresken mit Motiven wie englischen Pferderennen oder holländischen Windmühlen *(siehe S. 72)*.

Bronzener Buddha im Wat Suthat

2 Wat Suthat

Einer der bedeutendsten Tempel des Landes wurde Anfang des 19. Jahrhunderts eigens für die acht Meter große bronzene Buddhastatue aus Sukhothai errichtet – sie steht im *wihan*, umgeben von Wandmalereien. In den Galerien rund um den *wihan* hängen über 150 Buddha-Bildnisse. Vor der Anlage ragt die einst bei Zeremonien genutzte Sao Ching Cha (»Große Schaukel«) auf *(siehe S. 71)*.

3 Wat Traimit

Die Tempelanlage in Chinatown lockt mit einem strahlenden Gold-Buddha im Sukhothai-Stil, entstanden im 13. Jahrhundert, viele Besucher an *(siehe S. 76)*.

4 Wat Suwannaram

Der zur Zeit König Taksins im Ayutthaya-Stil erbaute Tempel steht unweit des Königlichen Barkenmuseums am Khlong Bangkok Noi in Thonburi. Im Hauptgebäude sind einige der schönsten Wandmalereien Thailands zu sehen. Sie zeigen u. a. westliche Besucher während der Ayutthaya-Epoche *(siehe S. 98)*.

5 Wat Mahathat

Prinz Mongkut verbrachte hier zwölf Jahre als Mönch, ehe er 1851 als Rama IV. den Thron bestieg *(siehe S. 38)*. Der Tempelkomplex ist heute Hauptsitz der Mahachulalongkornrajavidyalaya-Universität und beheimatet zudem ein Meditationszentrum *(siehe S. 72)*.

6 Wat Saket & Goldener Hügel

Der Ende des 18. Jahrhunderts unter Rama I. erbaute Tempel bietet Ruhe, Frieden und schöne Fresken. Viele Besucher kommen wegen des Blicks auf die Altstadt vom 76 Meter hohen, künstlich geschaffenen Goldenen Hügel hierher *(siehe S. 70)*.

7 Wat Benjamabophit

Karte E2 ■ Nakhon Pathom Road ■ +66 2 282 9686 ■ tägl. 7–18 Uhr ■ Eintritt

Der letzte große Tempel, der in Bangkok gebaut wurde (1899–1911), wurde wegen des *bot* aus Carrara-Marmor mit dem Beinamen »Marmortempel« versehen. Unter dem goldenen Buddha ruht die Asche Ramas V.

Wat Benjamabophit

Goldener *chedi* des Wat Phra Kaeo

8 Wat Phra Kaeo

Für die meisten Urlauber gilt der Wat Phra Kaeo als Höhepunkt ihres Bangkok-Besuchs. Der Tempel- und Palastkomplex besitzt nicht nur funkelnde *chedis*, Bibliotheken und Mausoleen, hier ist auch der Smaragd-Buddha, das Nationalheiligtum von Thailand, beheimatet *(siehe S. 12f)*.

9 Wat Ratchabophit

Dieser im späten 19. Jahrhundert unter Rama V. erbaute Tempel, der westliche und Thai-Architektur vereint, ist dem runden *chedi* in Nakhon Pathom nachempfunden. Den 43 Meter hohen *chedi* umgibt eine Galerie, von der ein *wihan* und ein *bot* abgehen. Letzterer erinnert an eine Kapelle der italienischen Gotik *(siehe S. 72)*.

Detail am Wat Ratchabophit

10 Wat Pho

Hauptattraktion des größten und ältesten Tempels in Bangkok ist der weltbekannte 46 Meter lange liegende Buddha. Der Wat Pho beherbergt wie ein Großteil der Tempel in Thailand Mönche, die in einfachen Behausungen auf dem Gelände leben. Eine angesehene Massageschule befindet sich ebenfalls im Komplex *(siehe S. 18f)*.

Details thailändischer Tempel

1 Wihan
In der Versammlungshalle eines Tempels predigt der Abt, die Gläubigen beten.

2 Bot
Die meist sehr üppig geschmückte Ordinationshalle ist für gewöhnlich kleiner als der *wihan*. Frauen haben hier keinen Zutritt.

3 Chedi
In den Fundamenten der kuppelförmigen Monumente (Stupas) sind Reliquien eingeschlossen.

4 Novizen
Junge Männer leben als Novizen in Tempeln, ehe sie zu Mönchen ordiniert werden.

5 Ho Trai
Die Bibliothek verwahrt heilige Schriften. Um diese vor Hochwasser zu schützen, liegt sie häufig ein wenig erhöht.

6 Guti
Mönchsbehausungen in einem Tempelkomplex sind meist kleine, spartanisch eingerichtete Holzkammern auf Stelzen.

7 Fresken
Wandmalereien zeigen vorwiegend Stationen aus dem Leben Buddhas, mitunter aber auch zeitgenössische Alltagsszenen.

8 Buddha-Bildnisse
Das wertvollste Buddha-Abbild steht meist im *wihan*, weitere im *bot* oder in den Bogengängen.

9 Mönche
Die heiligen Männer folgen den Lehren Buddhas und bieten den Menschen Rat.

10 Bodhi-Baum
Der Baum *(Ficus religiosa)* steht für Erleuchtung. Buddha soll unter einem Bodhi-Baum gesessen haben, als er das Nirwana erreichte.

Buddha-Kopf in einem Bodhi-Baum

TOP 10 Museen & Sammlungen

1 Nationalmuseum

Das Nationalmuseum bietet einen exzellenten Überblick über die kulturelle Entwicklung Thailands. Ausstellungen widmen sich der Sukhothai-, Rattanakosin-, Ayutthaya- und Lanna-Kunst. Beachtung verdienen die Galerie der königlichen Bestattungswagen, die Buddhaisawan-Kapelle und das älteste schriftliche Zeugnis der thailändischen Sprache auf dem Ramkhamhaeng-Stein *(siehe S. 16f)*.

2 Königliches Barkenmuseum

Eine riesige Lagerhalle dient als Museum für die königlichen Barken. Die acht Boote, jedes etwa 50 Meter lang, kommen nur bei besonderen Anlässen zum Einsatz. Die prächtigste Barke heißt *Suphannahongse* und ist dem König vorbehalten *(siehe S. 96)*.

Königliches Barkenmuseum

3 Nationalgalerie

Das Museum zeigt traditionelle Thai-Kunst und zeitgenössische Werke, vieles davon in Wechselausstellungen. Im ersten Stock sind Tempelbanner ausgestellt. Jedes Wochenende findet im Hof ein Kunstmarkt statt *(siehe S. 72)*.

4 Museum of Contemporary Art

Karte T4 ■ Vibhavadi Rangsit Road, Chatuchak ■ +66 2 016 5666 ■ Di–So 10–18 Uhr ■ Eintritt ■ www.mocabangkok.com

Das modern gestaltete Museum für zeitgenössische Kunst präsentiert in seiner Dauerausstellung auf fünf Etagen mehr als 800 Werke. Bekannten thailändischen Künstlern wie Chalermchai Kositpipat oder Thawan Duchanee sind eigene Abteilungen gewidmet.

5 SAC Gallery

Karte T6 ■ 160 3 Soi Sukhumvit 39 ■ Di–Sa 10–18 Uhr ■ www.sac.gallery

Die Kunstgalerie in einem eleganten, modernen Gebäude mit Blick auf einen begrünten Innenhof zeigt die Werke einiger der besten zeitgenössischen Künstler Südostasiens.

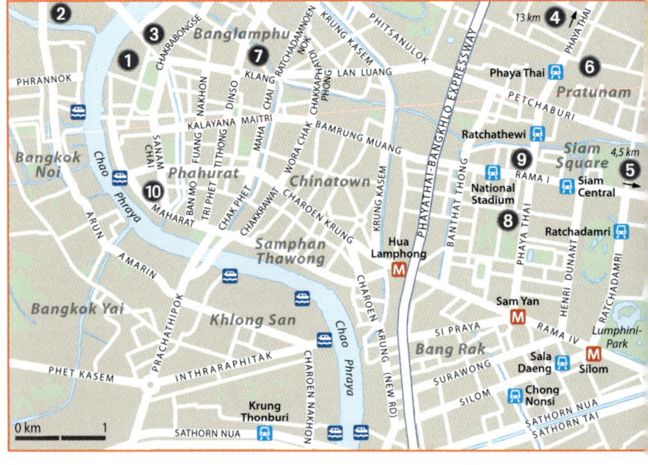

Lack-Pavillon, Hauptattraktion im Suan-Pakkad-Palast

6 Suan-Pakkad-Palast

In dem Komplex aus traditionellen Häusern, einem schönen Beispiel für Thai-Architektur, sind alte Gemälde, Schnitzereien und Masken, wie sie Darsteller beim Tanzdrama *khon* tragen, ausgestellt *(siehe S. 86)*.

7 Queen's Gallery

Karte D3 ■ 101 Ratchadamnoen Klang Road ■ +66 2 281 5360 1 ■ Do – Di 10 –19 Uhr ■ Eintritt ■ www.queengallery.org

Die Queen's Gallery wurde 2003 auf Wunsch von Königin Sirikit eingerichtet. Mit 3700 Quadratmetern Ausstellungsfläche bietet sie reichlich Raum für herausragende Werke der visuellen thailändischen Kunst. Ein angeschlossener Laden verkauft bedruckte T-Shirts und Hochglanzkunstbände.

8 Charmchuri Art Gallery

Karte P3 ■ Chulalongkorn-Universität, Phaya Thai Road ■ +66 2 218 3709 ■ Mo – Fr 10 –19 Uhr, Sa & So 12 – 18 Uhr ■ www.chamchuriartgallery.chula.ac.th

Diese reizvolle moderne Kunstgalerie findet sich auf dem Gelände der prestigeträchtigen Chulalongkorn-Universität nahe dem Siam Square. Neben interessanten Arbeiten der hiesigen Dozenten und talentierter Studenten sind hier auch Werke bekannter und aufstrebender Künstler aus ganz Thailand und dem Rest der Welt ausgestellt.

9 Bangkok Art & Culture Centre

Karte P2 ■ Ecke Phaya Thai Road & Rama I Road ■ +66 2 214 6630 ■ www.bacc.or.th

Das angesehene BACC widmet sich neben der bildenden Kunst auch der Musik und dem Design. Eine spiralförmige Rampe, ähnlich der im New Yorker Solomon R. Guggenheim Museum, führt nach oben zu den Galerien mit zeitgenössischer Kunst *(siehe S. 62)*.

10 Museum Siam

Das interaktive Museum kommt auch bei Kindern meist gut an. Es vermittelt Geschichte, Kunst, Kultur und thailändische Traditionen auf besonders einfallsreiche Art und Weise, wobei auch Bild und Ton zum Einsatz kommen *(siehe S. 72)*.

Treppenhaus im Museum Siam

TOP 10 Spas

1 Banyan Tree Spa

Karte Q5 ■ Hotel Banyan Tree, South Sathorn Road ■ +66 2 679 1200 ■ tägl. 10–20 Uhr ■ www.banyantree spa.com

Neben dem fantastischen Blick aus dem 39. Stock des Hotels kann man in dem luxuriösen Spa u. a. das zweieinhalbstündige »Royal Banyan Package« inklusive Kräuterstempelmassage, Gesichtsmassage und Kräuterbad genießen.

2 Oriental Spa

Karte M5 ■ Oriental Hotel, 48 Oriental Avenue ■ +66 2 659 9000 ■ tägl. 10–20 Uhr ■ www.mandarin oriental.com/bangkok

Ein traditionelles Teakholzhaus birgt die Ruheoase, in der asiatische Heilkunst mit modernen Techniken verbunden wird. Genießen Sie Massagen und Schlammpackungen oder gönnen Sie Ihrem Gesicht eine Blütenmaske.

3 Anantara Siam Spa

Karte Q3 ■ Hotel Anantara Siam, 155 Ratchadamri Road ■ +66 2 126 8866 ■ tägl. 10–20 Uhr ■ www. anantara.com

Die Suiten dieses Spas sind in traditionellem Thai-Stil dekoriert, viele mit römischen Badewannen ausgestattet. Angeboten werden u. a. eine japanische Bambusmassage und ein spezielles Programm für Männer.

Anantara Siam Spa

Chi, The Spa im Shangri-La Hotel

4 Chi, The Spa

Karte M6 ■ Shangri-La Hotel, 89 Soi Wat Suan Plu, New Road ■ +66 2 236 7777 ■ Mi–So 10–21 Uhr ■ www.shangri-la.com/bangkok/ shangrila/health-leisure/chi-the-spa/

Das minimalistisch designte Spa ist ein Ort der Ruhe und darauf spezialisiert, das *Qi* wiederherzustellen – die Lebensenergie, die nach der chinesischen Philosophie unerlässlich ist fürs Wohlbefinden. In den großen Behandlungsräumen wird man mit Aromatherapie- und Thai-Massagen, Gesichtsbehandlungen, Körperpeelings, Dampfbädern und Packungen verwöhnt.

5 The Oasis Spa Sukhumvit 31

Karte T6 ■ 64 Sukhumvit 31 Yaek 4 ■ +66 2 262 2122 ■ tägl. 10–22 Uhr ■ www.oasisspa.net

Das mit Teakholzmöbeln und Baumwollstoffen aus Bali schön gestaltete Tages-Spa ist in einen tropischen Garten integriert. Die Anwendungen umfassen Körper- und Gesichtsmassagen – einzeln oder im Paket zu haben. Entspannen Sie bei einem Körperwickel mit Aloe und Lavendel oder bei einer Ayurveda-Massage.

6 The Grande Spa

Karte T6 ■ Sheraton Grande Sukhumvit, 250 Sukhumvit Road ■ +66 2 649 8121 ■ tägl. 10.30–20 Uhr ■ www.sheratongrandesukhumvit.com

Das Spa im Fünf-Sterne-Hotel Sheraton Grande Sukhumvit hat einen exzellenten Ruf. Die Gesichtsbehandlungen, Peelings, Körperwickel und Massagen verbinden zeitlose thailändische Heilkunst mit den besten modernen Spa-Trends.

7 The Oasis Spa Thonglor

Karte T6 ■ 59 Soi Ekkamai 21 ■ +66 2 262 2122 ■ tägl. 10–22 Uhr ■ www.oasisspa.net

Ein riesiger, von Vogelgezwitscher erfüllter Garten sorgt in diesem Tages-Spa für eine friedvolle Atmosphäre. Das Haus bietet u. a. die »Oasis Four Hands Massage«, bei der der Gast von zwei Masseuren gleichzeitig behandelt wird. Herrlich entspannend sind auch die Öle und die heißen Kompressen bei der Massage »King of Oasis«.

8 Treasure Spa Thonglor

Karte T6 ■ 33 Thonglor Soi 13 ■ +66 2 391 7694 ■ tägl. 10–22 Uhr ■ www.treasurespa.com/thonglor

Das breite Programm des Tages-Spas in einem üppigen tropischen Garten umfasst Massagen, Gesichtspflege, Peelings, Körperwickel wie auch diverse Halbtagespakete. Für Peelings kommen u. a. Mango und Zitronengras, für Aromatherapie-Massagen feinste ätherische Öle zum Einsatz.

9 I. Sawan Residential Spa & Club

Karte Q3 ■ Grand Hyatt Erawan Bangkok, 494 Ratchadamri Road ■ +66 2 254 6310 ■ tägl. 9–22 Uhr ■ www.hyatt.com

Das luxuriöse Spa auf dem Dach des Grand Hyatt bietet eine umfangreiche Auswahl an Anwendungen. Alle fallen in die Bereiche Energie, Harmonie, Reinheit und Thai.

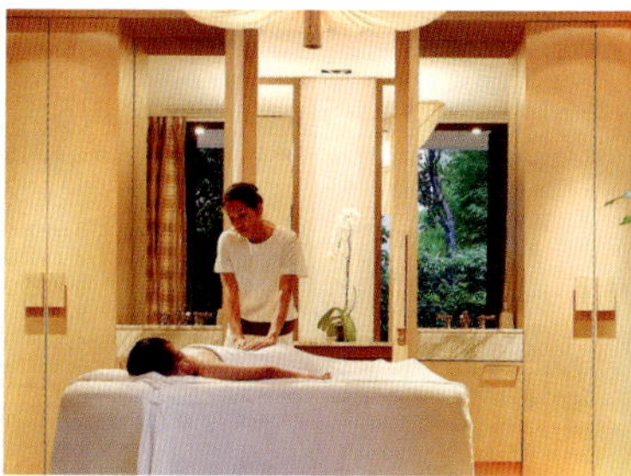

I. Sawan Residential Spa & Club

10 Health Land Sathorn

Karte N6 ■ 120 North Sathorn Road ■ +66 2 637 8883 ■ tägl. 9–22 Uhr ■ www.healthlandspa.com

Die Spas von Health Land richten sich an Gäste, die bei Wellnessanwendungen kompetentes Personal und ein gutes Preis-Leistungs-Verhältnis zu schätzen wissen. Zum Angebot gehören u. a. Massagen und Peelings für Gesicht und Körper.

TOP 10 Sport

Tai-Chi im Lumphini-Park

1 Kampfsport

In Bangkok kann man viele Kampfsportarten erlernen – von Thai-Boxen über Taekwondo bis hin zu Judo oder Karate –, doch am populärsten ist wohl Tai-Chi. Wer die Bangkoker bei Tai-Chi oder Aerobic beobachten möchte, sollte morgens oder abends den Lumphini-Park *(siehe S. 86)* besuchen.

2 Pferderennen

Auf der Rennbahn des Royal Bangkok Sports Club *(siehe S. 88)* kann man jedes zweite Wochenende auf Pferde wetten – der Mindesteinsatz liegt bei 50 Baht. Von der Skytrain-Linie Silom kann man schon mal einen Blick auf den königlichen Sportclub in bester Lage werfen.

3 Golf

Dass Besucher in Bangkok auch gern die Golfplätze der Stadt aufsuchen, hat viele Gründe: Die Anlagen sind gut zu erreichen und bieten sowohl landschaftlichen Reiz als auch hohes internationales Niveau, die Gebühren für Leihausrüstung und Platz sind günstig und der Service ist sehr aufmerksam und stets freundlich.

4 Tennis

National Stadium: Karte N2; 154 Rama I Road; +66 2 214 0120

Tennis ist ein beliebter Sport in Bangkok. Wegen der Hitze sollte man morgens oder spätnachmittags spielen. Große Hotels haben eigene Tennisplätze. Am National Stadium und im Lumphini-Park *(siehe S. 86)* gibt es öffentliche Plätze.

5 Takraw

Takraw lässt sich am besten mit »Fußvolleyball« umschreiben. Beobachten lässt sich der Sport, bei dem ein Rattanball mit bewundernswerter Akrobatik über ein Netz gespielt wird, in Bangkoks Parks und auf jeder noch so kleinen Freifläche der Stadt – vor allem am frühen Abend.

6 Radfahren

In Bangkok sieht man viele Radfahrer, etwa im Lumphini-Park *(siehe S. 86)*, in der Altstadt oder in Bangkoks »grüner Lunge« Bang Krajao *(siehe S. 97)*. Leihräder sind an vielen Orten erhältlich.

7 Snooker

Die Erfolge des Profis James Wattana machten Snooker in Thailand sehr beliebt. Tausende Clubs verteilen sich über das Land, Hunderte finden sich in Bangkok. Dort kann man zu vernünftigen Preisen Queues leihen und an erstklassigen Tischen spielen.

Golfplatz und Pferderennbahn des Royal Bangkok Sports Club

8 Bowling

Wer Spaß mit Freunden haben möchte, sollte bowlen gehen. In den meisten Shoppingmalls von Bangkok befindet sich im obersten Stockwerk eine Bowlingbahn. Manche davon bieten dazu Discobeleuchtung und eine Karaokeanlage.

9 Fußball

Thunderdome Stadium: Karte T4; Tambon Ban Mai, Pak Kret

Fußball ist in Thailand schon lange eine der beliebtesten Sportarten. Profifußball gibt es aber erst seit Mitte der 1990er Jahre. Muangthong United, die beliebteste Mannschaft der Stadt, spielt im Thunderdome Stadium.

Thai-Boxer in Aktion

10 Thai-Boxen

Das Interesse an Thai-Boxen oder *Muay Thai* ist in letzter Zeit stark gestiegen. Junge Urlauber üben den Sport hier in Camps aus. Weniger aktive Reisende können sich Kämpfe im Lumpinee oder im Ratchadamnoen Boxing Stadium *(siehe S. 55)* ansehen.

Thailands Sport-Highlights

Internationales Drachenfestival

1 Chula-Thammasat-Fußballspiel
Bangkok ▪ Jan
Seit 1934 treten die Teams beider Universitäten gegeneinander an, wobei das Rahmenprogramm ebenso wichtig ist.

2 Internationales Drachenfestival
Hua Hin ▪ März
Bei den Einzel- und Teamwettbewerben des traditionsreichen Festivals werden oft ungewöhnliche Drachen präsentiert.

3 Chiang Mai Cricket Sixes
Chiang Mai ▪ Apr
Das Turnier ist oft prominent besetzt.

4 Tour of Thailand
Strecken variieren ▪ Apr
An dem Etappenrennen nehmen Radsportler aus der ganzen Welt teil.

5 Ko-Samui-Regatta
Chaweng Beach ▪ Mai/Juni
Dies ist ein Highlight des asiatischen Segelsports.

6 Phuket-Marathon
Laguna Phuket Resort ▪ Juni
Thailands größtes Marathon-Event lockt jährlich Tausende Athleten an.

7 6-Red World Championship
Bangkok ▪ Sep
Beim Six-Red-Snooker wird nicht mit 15, sondern mit sechs roten Kugeln gespielt.

8 Langbootrennen
Phimai & andere Orte ▪ Okt & Nov
Bangkok feiert das Ende der Regenzeit.

9 Laguna-Phuket-Triathlon
Laguna Phuket Resort ▪ Nov
Dieser Wettbewerb aus Schwimmen, Radfahren und Laufen ist einer der traditionsreichsten Triathlons in Asien.

10 King's Cup Regatta
Phuket ▪ Dez
Der 1987 eingeführte King's Cup ist Asiens bedeutendstes Segelevent – mit dementsprechend vielen Zuschauern.

TOP 10 Unbekanntes Bangkok

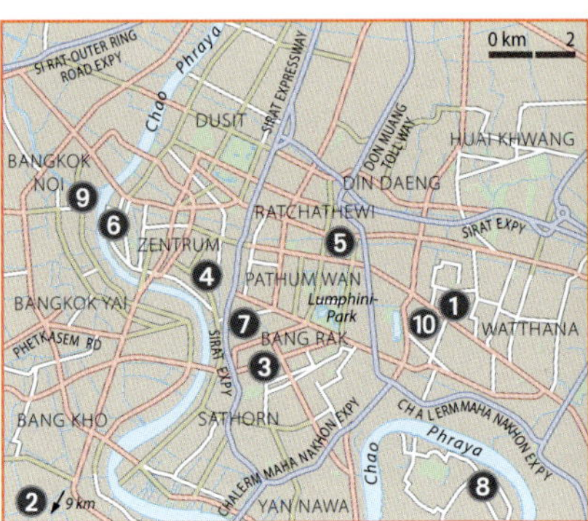

1 Tropischer Garten im EmQuartier

Karte T6 ■ Shoppingmall EmQuartier, Scala Building, 5. Etage, Sukhumvit Road ■ www.emquartier.co.th

In diesem Teil der Shoppingmall EmQuartier gibt es nichts zu kaufen. Der Dachgarten ist eine Oase mit tropischen Pflanzen, Teichen und einer Wiese. Der riesige Regenwald-Kronleuchter stammt vom französischen Gartenarchitekten Patrick Blanc.

2 Wat Hua Krabeu

Karte T2 ■ Bang Khun Tian

Der Abt des eindrucksvollen buddhistischen Tempels ehrt Thailands traditionelles Zugtier auf seltsam anmutende Weise: Er sammelt Schädel von Wasserbüffeln – mittlerweile hat er rund 10 000 Exemplare zusammengetragen. Der Tempel steht an einem Kanal, auf dem Ausflugsboote fahren.

Wasserbüffelschädel, Wat Hua Krabeu

3 Chao-Mae-Tubtim-Schrein

Die großen Steinpenisse zwischen den Bäumen am Khlong Saen Saep sind eine heilige Stätte. Frauen beten hier mit Weihrauch, Blumen und Penissen aus Holz dafür, dass sich ihr Kinderwunsch erfüllen möge *(siehe S. 88)*.

4 Soi Nana, Chinatown

Karte F5 ■ zwischen Charoen Krung Road & Luang Road

Das Wohngebiet, nicht zu verwechseln mit dem Viertel voller Go-go-Bars an der Sukhumvit Road, bietet schicke Cafés, Kunstgalerien, Bars mit Livemusik und kleine Restaurants. In der Tep Bar *(siehe S. 81)* kann man bei traditioneller Musik gut thailändisch essen.

5 Sathorn Road, Sois 10–12

Karte M6

Schicke Restaurants und Cafés servieren in den von Bäumen gesäumten Nebenstraßen der Sathorn Road ein reichhaltiges Angebot an kulinarischen Spezialitäten. Nicht weit von hier gibt es beliebte Bars und Pubs *(siehe S. 92)*, in denen junge In- und Ausländer gern ihren Feierabend genießen.

6 Queen Sirikit Museum of Textiles

Besucher des Großen Palasts übersehen oft das exzellente Museum gleich rechts nach dem Haupteingang. Zu den Höhepunkten der erlesenen Sammlung zählen die königlichen Gewänder sowie Kleidung aus edler thailändischer Seide. Der Bau aus weißem italienischen Marmor war einst das königliche Schatzhaus *(siehe S. 15)*.

Ausstellung im Bangkokian Museum

7 Bangkokian Museum

Karte M5 ■ 273 Saphan Yao Alley, Si Phraya ■ +66 2 233 7027 ■ Di–So 9–16 Uhr ■ Eintritt

Das prächtige Museum aus der Zeit des Zweiten Weltkriegs bietet einen Einblick in den Alltag von Bangkok zur Mitte des 20. Jahrhunderts. Das Anwesen, das einst einer wohlhabenden Bangkoker Familie gehörte, zeigt deren Besitztümer, darunter zeitgenössisches Geschirr, Möbel und einen einfachen Fernseher.

8 Bang Krajao

Bangkoks »grüne Lunge« am Westufer des Chao Phraya ist leicht per Boot zu erreichen – abgelegt wird u. a. vom Pier hinter dem Wat Khlong Toei Nok. Man kann das Viertel gut mit dem Fahrrad erkunden. Hier gibt es ein bekanntes umweltfreundliches Hotel *(siehe S. 117)* und einen beliebten Wochenendmarkt *(siehe S. 97)*.

9 Siriraj-Medizinmuseum

Karte A3 ■ Siriraj-Krankenhaus, 2 Wanglung Road, Bangkok Noi ■ +66 2 419 2601 ■ Mi–Mo 10–17 Uhr ■ Eintritt ■ www.sirirajmuseum.com

Das Medizinmuseum, von den Einheimischen »Museum des Todes« genannt, jagt seinen Besuchern mit Skeletten, einbalsamierten Körpern (darunter die Leiche eines bekannten Serienmörders) und sichergestellten Mordwaffen Schauer über den Rücken. Auf dem Gelände des Siriraj-Krankenhauses befinden sich noch weitere interessante Museen zu Medizin und Geschichte.

Traditionelle chinesische Medizin, ausgestellt im Siriraj-Medizinmuseum

10 Friese-Greene Club

Karte T6 ■ 259/6 Sukhumvit Road, Khlong Tan ■ www.fgc.in.th

Das nach dem Filmpionier William Friese-Greene benannte Kino zeigt Klassiker, Kult- und Indie-Filme. Dies ist ein Mitgliederclub, doch wegen des geringen Jahresbeitrags lohnt sich der Besuch. Es gibt auch eine Bibliothek zum Thema Kino.

Radweg über den Fluss in Bang Krajao

TOP 10 Kinder

Fahrgeschäfte im Freizeitpark Dream World

1 Dream World

Karte T2 ■ 62 Moo 1, Rangsit-Nakornnayok Road, Thanyaburi, Pathumthani ■ +66 2 577 8666 ■ tägl. 10–17 Uhr ■ Eintritt ■ www.dreamworld.co.th

Der Freizeitpark bietet u. a. eine Hängeachterbahn, eine Panoramabahn, eine Wildwasserbahn und Schaubuden, darunter auch ein Spukhaus. Die verschiedenen Parkbereiche tragen Namen wie »Snow Town« und »Fantasy Land«.

2 Siam Amazing Park

Karte U5 ■ 203 Suan Sayam Road, Khan Na Yao ■ +66 2 105 4294 ■ tägl. 10–18 Uhr ■ Eintritt ■ www.siamamazingpark.com

Der erste Freizeit- und Wasserpark in Südostasien bietet seit 1980 Spaß für Familien. Es gibt Achterbahnen, eine Wasserrutsche, eine Fahrt mit dem Piratenschiff und künstliche Dinosaurier.

Kinder spielen im Harbor Land

3 Queen-Saovabha-Schlangenfarm

Das Queen Saovabha Memorial Institute, 1923 als Pasteur Institute gegründet und heute nach einer der Ehefrauen Ramas V. benannt, ist allgemein besser bekannt als »Snake Farm«. Tägliche Vorführungen (Mo–Fr 11 & 14 Uhr, Sa & So 11 Uhr) informieren über die Gefährlichkeit der hier heimischen Schlangen *(siehe S. 85)*.

4 Harbor Land

Karte U5 ■ Ebene 3, Fashion Island Mall, Khan Na Yao ■ tägl. 10–20 Uhr ■ Eintritt ■ www.harborlandgroup.com

Das bei Kindern beliebte, bunte Freizeitzentrum in der Fashion Island Mall bietet lustige Rutschen, Ballspiele und Spielplätze, außerdem Trike-Rennstrecken und Trampoline.

5 Pororo Aqua Park

Karte U6 ■ 6. Etage, Central Plaza Bangna, 587–9 Debaratana Road ■ +66 2 0745 7377 ■ tägl. 10–19 Uhr ■ Eintritt ■ www.pororoaquapark.com

Kinder und Erwachsene jeden Alters werden die Rutschen, Becken und Fahrgeschäfte in diesem Wasserpark im Osten von Bangkok lieben. Die flachen Becken bieten kleineren Kindern einen sicheren Platz zum Spielen. Die Wasserrutschen sind eher für ältere Kinder geeignet.

6 Bangkok Butterfly Garden & Insectarium

Karte T5 ■ Suan Vachirabenchathat (Rotfai oder Railway Park), Kamphaeng Phet 3 Road ■ +66 2 272 4359 ■ Di – So 8.30 – 16.30 Uhr

Hier leben über 500 Schmetterlinge. Der Park ist von der Metro-Station Chatuchak Park sowie von der Skytrain-Station Mo Chit zu Fuß erreichbar. Es gibt ein Lerncenter und einen Spielplatz. Familien leihen sich gern Fahrräder für Touren durch den benachbarten Park *(siehe S. 63)*.

Ausstellung im Bangkok Dolls Museum

7 Bangkok Dolls Museum

In den 1950er Jahren weckte eine Reise nach Japan bei Tongkorn Chandavimol die Faszination für Puppen aus den verschiedensten Ländern und Epochen, woraufhin sie dieses reizvolle Museum ins Leben rief. Die Exponate aus aller Welt, passend eingekleidet und entsprechen präsentiert, stammen aus ihrer Privatsammlung. In der Werkstatt nebenan kann man handgefertigte Puppen für etwa 500 Baht erwerben *(siehe S. 98)*.

Lumphini-Park

8 Lumphini-Park

Der einzige große Park im Zentrum von Bangkok – mit Schatten spendenden Bäumen und einem See – ist nach Buddhas Geburtsort in Nepal benannt *(siehe S. 86)*.

9 Children's Discovery Museum

Karte T5 ■ Queen-Sirikit-Park, Kamphaeng Phet Road ■ +66 2 272 4500 ■ Di – So 10 – 16 Uhr ■ www.cdm-bangkok.com

Das Museum präsentiert Exponate zum Anfassen, z. B. im Bereich »Incredible Me«, wo Kinder viel über Körper, Sinne und Gefühle lernen.

10 Flow House Thailand

Karte T6 ■ 120/1 A-Square, Sukhumvit Soi 26 ■ +66 2 108 5210 ■ tägl. 11 – 21 Uhr (Do – So ab 10 Uhr) ■ Eintritt ■ www.flowhousethailand.com

Dank einer Wellenmaschine können Kinder (ab 5 Jahren) und Jugendliche mitten in Bangkok surfen. Wer sich auf dem Brett noch nicht so sicher fühlt, kann sich an einen der Surflehrer vor Ort wenden.

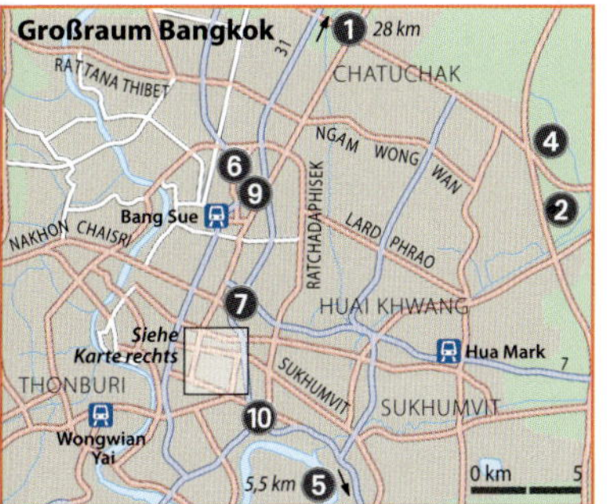

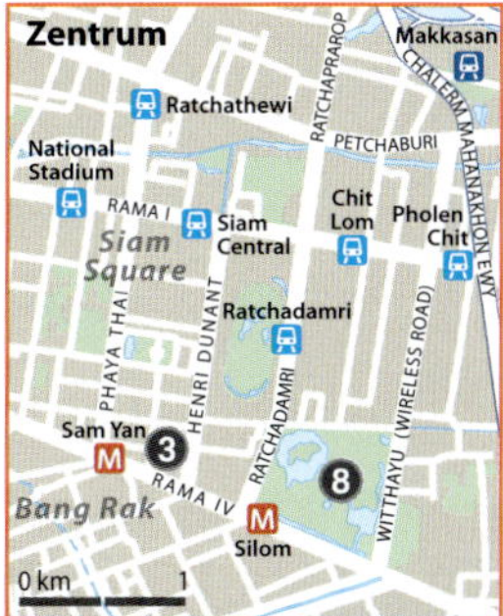

Folgende Doppelseite Blick über den Lumphini-Park

TOP 10 Theater, Tanz & Cabaret

Musiker auf der Bühne des Nationaltheaters

1 Nationaltheater

Karte B3 ■ 2 Rachini Road ■ +66 2 224 1342

Zweimal im Monat stehen sonntags aufwendig gestaltete, hervorragend besetzte Produktionen klassischer Thai-Dramen oder *khon* (Maskentheater) auf dem Spielplan des Nationaltheaters. Diverse Tanzdarbietungen und Musicals runden das Programm des Hauses ab.

2 Muangthai Rachadalai Theatre

Karte T5 ■ Ratchadaphisek Road ■ +66 2 224 1342 ■ Eintritt ■ www.rachadalai.com

»Thailands erstes Broadway-Theater« zeigt Tourneeproduktionen sowie Musical- und Tanzshows, die die Geschichte und Kultur Thailands beleuchten.

Im Muangthai Rachadalai Theatre

3 Living Room

Der gemütliche und stilvoll eingerichtete Living Room im eleganten Hotel Sheraton Grande ist eines der besten Jazzlokale in Bangkok. Bei den Konzerten treten lokale und internationale Künstler auf. Serviert werden Nachmittagstee und traditionelle thailändische Gerichte *(siehe S. 101)*.

4 Tawandang German Brewery

Genießen Sie das unterhaltsame Cabaret der Tawandang German Brewery mit Thai-Musik, westlichem Folk und Pop, Ballett, Hip-Hop und Zaubershow. Unter der riesigen Kuppel des fast kreisrunden Etablissements haben bis zu 1600 Nachtschwärmer Platz. Zum guten Essen wird erstklassiges deutsches Bier serviert *(siehe S. 101)*.

5 Sala Chalermkrung Royal Theatre

Karte C5 ■ 66 Charoen Krung Road ■ +66 2 224 4499 ■ Khon-Darbietungen: Fr 19.30 Uhr ■ www.salachalermkrung.com

Das 1933 im Auftrag von Rama VII. erbaute Theater war das erste in Thailand, in dem Tonfilme aufgeführt wurden. Heute nutzt man das altehrwürdige Bühnenhaus für *khon* (Maskentheater) und Konzerte.

6 Thailand Cultural Centre

Karte T5 ■ Ratchadaphisek Road ■ +66 2 247 0028 ■ www.culture.go.th

Bangkoks bedeutendstes Zentrum für darstellende Kunst steht unter staatlicher Leitung. Es ist die Heimat des Bangkok Symphony Orchestra und Gastgeber des jährlichen International Festival of Dance and Music *(siehe S. 64)*. Hier geben auch viele internationale Künstler im Rahmen ihrer Tourneen Gastspiele.

7 Ratchadamnoen Boxing Stadium

Karte E2 ■ 1 Ratchadamnoen Nok Road ■ +66 2 281 4205 ■ Kämpfe: Mo, Mi & Do 18.30 – 23 Uhr, So 17 – 20 & 20.30 – 24 Uhr ■ Eintritt

Thai-Boxen oder *Muay Thai* ist ein von der Philosophie und Eleganz der Kampfkünste geprägter Sport. Die »Kunst der acht Gliedmaßen« aus der Nähe zu sehen, ist unvergesslicher Teil einer Bangkok-Reise. Vor jedem Duell geben die Kämpfer eine Tanzvorführung zu klagender Musik.

8 Calypso Cabaret

Bangkoks berühmtes Cabaret ist nicht nur ein Spektakel aus Pailletten, Gesang und Tanz, sondern auch ein Blick in die thailändische LGBTQ+ Community, die hier schon lange sichtbarer Teil der Gesellschaft ist. Transgenderkünstler singen Playback zu Liedern aus China, Japan und Korea. Die Tickets können ein Abendessen im Calypso Thai Restaurant im selben Gebäude beinhalten *(siehe S. 101)*.

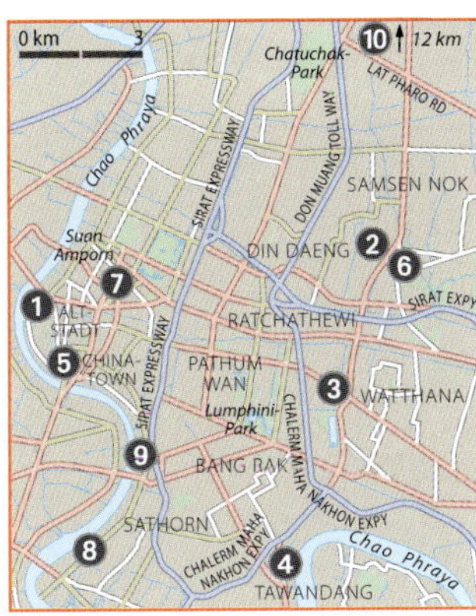

9 Sala Rim Naam

Karte M5 ■ Oriental Hotel ■ +66 2 659 9000 ■ Dinner: tägl. 19 – 22 Uhr; Show: tägl. 19.45 – 21 Uhr ■ www.mandarinoriental.com/bangkok/chao-phraya-river/dine/sala-rim-naam

Die traditionelle Thai-Tanzshow und das exquisite Essen, das dazu serviert wird, rechtfertigen die gehobenen Preise.

Speisesaal des Sala Rim Naam

10 Lumpinee Boxing Stadium

Das 2014 in die nördlichen Vororte verlegte Stadion ist prestigeträchtiger als das Ratchadamnoen-Stadion. Hier finden dienstags und freitags Spitzenkämpfe im Thai-Boxen statt *(siehe S. 101)*.

Auf der Bühne des Calypso Cabaret

TOP 10 Bars & Clubs

Livemusik im Adhere the 13th

1 Adhere the 13th

Die winzige Bar, allgemein schlicht als »Blues Bar« bekannt, ist überaus einladend und erfreut Gäste mit Bier und Cocktails zu vernünftigen Preisen. Der Schwerpunkt der vorwiegend mit Thai oder in Bangkok ansässigen Ausländern besetzten Bands liegt bei Blues und Jazz. Die Gigs am Wochenende haben großen Zulauf *(siehe S. 74)*.

2 Sky Bar

Wer gern Drinks unter freiem Himmel genießt, sollte die Stehbar in rund 275 Metern Höhe besuchen. International bekannt wurde die Sky Bar durch den Film *Hangover 2*. Der Rundumblick ist fantastisch – ganz besonders bei Sonnenuntergang *(siehe S. 92)*.

3 Saxophone

Jeden Abend gibt es drei Sets mit einer Mischung aus Jazz, Blues, Rock, Reggae und Unplugged-Konzerten. Die Preise sind moderat *(siehe S. 93)*.

4 The Club@Koi

Im wohl coolsten Club von Bangkok – angeschlossen an ein japanisches Restaurant kalifornischen Stils – legt man viel Wert auf schicke Klamotten. Die Musik reicht von Soul über Hip-Hop bis zu Future House. Es gibt Separees, Stehtische, eine Tanzfläche und einen prächtigen Blick aus der Club Lounge in der 39. Etage *(siehe S. 93)*.

5 Bamboo Bar

Die Bar im Oriental Hotel ist eine ausgezeichnete Adresse für Jazzfreunde: mit einer exzellenten Hausband, entspannt eleganter Atmosphäre sowie aufmerksamem und flinkem Service *(siehe S. 93)*.

6 Maggie Choo's

Verschwiegen und verschwenderisch – die trendige Bar lässt das Flair vom Shanghai der 1930er Jahre auferstehen. Sessel und Sofas aus Leder, Art-déco-Lampen und die Khmer-Statuen sind ebenso original wie die Ziegelmauern dieses ehemaligen Tresorraums. Es gibt Livejazz und gutes Essen *(siehe S. 93)*.

Ein Hauch Shanghai der 1930er Jahre im Maggie Choo's

7 Levels

Jede der drei Partyzonen des bekannten Clubs hat ihr eigenes Flair, mit Musik von wildem House bis hin zu erlesenem Lounge-Sound *(siehe S. 93)*.

8 Brown Sugar: The Jazz Boutique

Die alteingesessene Jazzbar ist eine echte Institution in Bangkoks Nachtleben, daher geben sich auf dieser Bühne auch die besten Musiker die Ehre. Jazzliebhaber genießen hier jeden Abend Livemusik: Auf ein Akustik-Set folgt in der Regel eine Band, freitags und samstags gibt es zusätzliche Sets um Mitternacht, sonntags Jamsessions *(siehe S. 74)*.

Jazzmusiker im Brown Sugar

9 Studio Lam

In der kleinen Bar legen DJs von Zudrangma Records *Mo Lam*, Volksmusik aus Nordostthailand, aber auch eine Auswahl von Rhythmen aus aller Welt auf. Das Soundsystem wurde extra für diese Bar angefertigt *(siehe S. 101)*.

10 Hyde & Seek

Das stilvolle Gastropub serviert importierte Biere vom Fass, bietet aber auch eine ansprechende Auswahl an offenen Weinen. Dazu gibt es leckere Barhäppchen, Pasta und andere kleine Spezialitäten *(siehe S. 92)*.

LGBTQ+ Bars & Clubs

Schwulenbars im Viertel Soi Twilight

1 The Balcony
Karte P5 ▪ Silom Soi 4
Die Bar – Zentrum von Bangkoks LGBTQ+ Szene – lockt mit preiswertem Essen und abendlichen Happy Hours.

2 The Stranger Bar
Karte P5 ▪ Silom Soi 4
Zu großartigen Cocktails werden hier jeden Abend Dragshows geboten.

3 Disco Disco
Karte P5 ▪ Silom Soi 2
Sehen und Gesehenwerden ist das Motto in dieser Disco-Bar.

4 DJ Station
Die beliebte LGBTQ+ Disco ist fast jede Nacht brechend voll *(siehe S. 93)*.

5 The Expresso
Karte P5 ▪ Silom Soi 2
Hier kann man prima entspannen und die Action in der Soi beobachten.

6 Jupiter 2018
Karte P5 ▪ Silom Soi 4
Die Danceshows der beliebten Go-go-Bar für Männer sind ein Erlebnis.

7 G Bangkok
Karte P5 ▪ Silom Road (zwischen Soi 2 & Soi 4)
Sobald die DJ Station Feierabend macht, füllt sich dieser Club.

8 Telephone Pub
Karte P5 ▪ 114/11–13 Silom Soi 4
Der Name des Pubs verweist auf die Tischtelefone, die es hier einst gab.

9 Fork & Cork
Karte P5 ▪ 104 Silom Soi 4
Die gute Küche dieses Bar-Restaurants zieht ein schickes Publikum an.

10 BAS Living Room
Karte P5 ▪ 114/5 Silom 4 Alley
In dem angesagten Lokal kann man entspannt etwas trinken.

TOP 10 Restaurants

Edles Interieur und Flussblick im luxuriösen Hotelrestaurant Le Normandie

1 Le Normandie

Das Restaurant im Oriental Hotel serviert französische Spezialitäten in entspannter Atmosphäre mit Blick auf den Fluss. Die Einrichtung ist luxuriös, der Service tadellos. Auf der Karte stehen u. a. Foie gras von der Ente, Hummer aus der Bretagne und über 200 französische Weine *(siehe S. 91)*.

2 Bo.Lan

Karte T6 ■ 24 Sukhumvit Soi 53 ■ +66 2 260 2962 ■ Zeiten tel. erfragen

Das legendäre Bangkoker Restaurant zaubert aus frischen Biozutaten thailändische Küche vom Feinsten und ist außerdem ein Shop für künstlerische Produkte. Kochseminare werden ebenfalls angeboten.

Edle Thai-Küche des Bo.Lan

3 Goji Kitchen + Bar

Das moderne Restaurant im vornehmen Ambiente des Marriott Marquis Queen's Park bietet saftiges Fleisch vom Grill, frisches Sushi und abwechslungsreiche Nudelgerichte. Die Betreiber folgen einer engagierten Farm-to-Table-Philosophie *(siehe S. 91)*.

4 Blue Elephant

Ob Klassiker oder experimentelle Kreation – in dieser Villa im europäischen Stil setzt man der thailändischen Küche ein Denkmal. Die Vorspeisen sind allesamt lecker. Als Hauptgang ist der thailändische Lachssalat besonders zu empfehlen. Zum Restaurant gehört auch eine Cocktailbar *(siehe S. 99)*.

5 Issaya Siamese Club

Leckere Thai-Gerichte mit moderner Note kommen in der hell und freundlich eingerichteten Villa aus den 1920er Jahren auf den Tisch. Empfehlungen des Küchenchefs, etwa *yam hua plii* (Bananenblütensalat) oder *Massaman*-Curry mit Lammhaxe, stehen auf der Karte *(siehe S. 91)*.

6 Lenzi Tuscan Kitchen

Dieses Lokal zählt zu Bangkoks besten italienischen Restaurants. Der frühere Küchenchef der exzellenten Opus Wine Bar bereitet hier ausgezeichnete Gerichte nach Rezepten aus seiner toskanischen Heimat zu *(siehe S. 91)*.

7 Eat Me

Das Restaurant bietet wechselnde Kunst an den Wänden, man kann aber auch auf den überdachten Balkonen speisen. Zu den Spezialitäten aus aller Welt zählen Trüffel-Parmesan-Risotto und Pappardelle mit Kaninchenragout. Auch die Desserts sind sehr gut *(siehe S. 91)*.

8 Liu

Das Liu, eine Perle unter den chinesischen Restaurants der Stadt, wurde wegen seiner Pekingente schnell bekannt. Auch Schweinefleisch *dongpo* (gekochter Bauch mit dunkler Sojasauce und Teigtaschen) ist zu empfehlen. Die Atmosphäre ist ruhig und elegant *(siehe S. 91)*.

9 Rang Mahal

Das nach Meinung vieler Inder beste indische Restaurant in Bangkok hat sich seinen Ruf in 20 Jahren erarbeitet. Abends sorgen indische Musiker für dezente Untermalung. Der Blick aus der 26. Etage des Rembrandt Hotel ist atemberaubend *(siehe S. 91)*.

10 Gaggan

Im Gaggan – laut *Restaurant Magazine* eines der 50 besten Restaurants der Welt – werden indische Gerichte mit Techniken der Molekularküche zubereitet. In dem umgebauten Holzhaus genießt man eine entspannte Atmosphäre und tollen Service mit viel Elan *(siehe S. 91)*.

Tische im Gaggan

Kulinarische Spezialitäten

Tom yam kung

1 Tom yam kung
Thailands wohl berühmteste Suppe wird mit Chili, Zitronengras und Galgantwurzel scharf gewürzt und gern mit Garnelen oder anderem Seafood serviert.

2 Phat thai
Das Nudelgericht mit Bohnensprossen, Erdnüssen und Eiern heißt wörtlich »Thai gebraten« und ist ein besonders leckerer Mittagssnack.

3 Kaeng phanaeng
Das dicke Curry aus Kokoscreme und Gewürzen wird üblicherweise mit Schwein oder Huhn und Reis gereicht.

4 Nam prik num
Der köstliche Dip aus Auberginen und Chilis ist scharf, cremig und bei den Thai überaus beliebt.

5 Klebreis
In Thailands Norden und Nordosten tunkt man Klebreisbällchen in Dips und Saucen.

6 Som tam
Der Salat wird aus fein geschnittener grüner Papaya, getrockneten Shrimps, Tomaten, Erdnüssen, Fischsauce, Zitronensaft und Chili zubereitet.

7 Phat pak bung
Für das nahrhafte Gericht wird Wasserspinat – eine der schmackhaftesten Gemüsesorten Thailands – mit Knoblauch, Chili und Austern knusprig gebraten.

8 Khao niao mamuang
Das köstliche Dessert aus Mango mit Klebreis wird mit Kokosmilch serviert.

9 Coconut Custard
Kokosnuss, Eier und Zucker ergeben diesen süßen Snack.

10 Fruchtsäfte & Shakes
Die meisten thailändischen Früchte eignen sich für köstliche durstlöschende Säfte oder Joghurt-Shakes.

TOP 10 Shopping

Eingang zu Asiatique The Riverfront

1 Asiatique The Riverfront

Karte S6 ▪ Charoen Krung Road, zwischen Soi 72 & Soi 76 ▪ Mo – Fr 16 – 24 Uhr, Sa & So 12 – 24 Uhr ▪ www.asiatiquethailand.com

Dieser Nachtmarkt mit Hunderten cooler Boutiquen, Restaurants, dem Calypso Cabaret *(siehe S. 55)* und einem Riesenrad ist sehr auf Touristen ausgerichtet, aber gut gemacht und durchaus unterhaltsam.

2 Siam Paragon

In der mit seinen Nachbarn Siam Center und Siam Discovery Center verbundenen Shoppingmall findet man internationale Luxusmarken, aber auch Accessoires und Mode von thailändischen Designern. Im ganzen Komplex gibt es Designermode, Restaurants, Kinos sowie Buch- und Musikläden *(siehe S. 89)*.

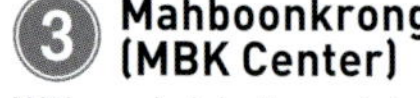

3 Mahboonkrong (MBK Center)

Während sich die meisten Shoppingmalls Bangkoks dem internationalen Geschmack angepasst haben, zeigt sich das MBK Center noch typisch thailändisch. Auf sieben Etagen gibt es viele Stände für Souvenirs und günstige Kleidung, aber auch größere Schmuckläden sowie eine Filiale des japanischen Tokyu Department Store *(siehe S. 89)*.

4 CentralWorld

Bangkoks größte Shoppingmall – über den Skywalk mit dem Siam Paragon verbunden – bietet mehr als 500 Läden: Designershops, flippige Boutiquen, Buchhandlungen und Elektronikläden. In dem Komplex finden sich außerdem mehrere exzellente Restaurants, 15 Kinos, ein Areal für Kinder und eine Eislaufbahn *(siehe S. 89)*.

5 Pratunam-Markt

Der Skywalk führt von der Shoppingmall CentralWorld zu diesem sehr hektischen Markt für Kleidung, Reisegepäck, elektronische Geräte und Souvenirs – alles zu überaus günstigen Preisen. Der Pratunam-Markt erstreckt sich über den Bürgersteig und mehrere kleine Gassen. Eine große klimatisierte Version davon ist die benachbarte Platinum Fashion Mall *(siehe S. 88)*.

Siam Paragon

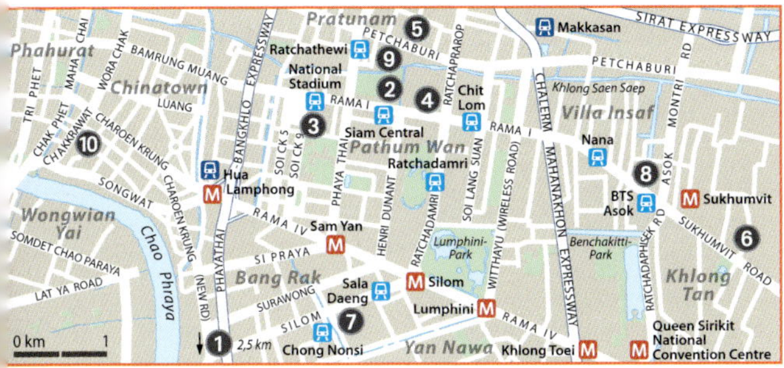

6 Emporium & EmQuartier

Die benachbarten Shoppingmalls an beiden Seiten der Sukhumvit Road sind per Skywalk verbunden. Das Emporium *(siehe S. 89)* bietet hochpreisige Mode und einige edle Restaurants, im jüngeren EmQuartier *(siehe S. 89)* gibt es mehr Boutiquen, einen hübschen tropischen Garten *(siehe S. 48)* und insgesamt mehr Abwechslung.

7 Lalai-Sap-Markt

Karte P5 ■ Silom Soi 5 (Soi Surasena) ■ Mo – Fr 8 – 16 Uhr

Der Lalai-Sap-Markt ist ein echter und authentischer Straßenmarkt, der noch nicht derart auf Besucher ausgerichtet ist wie andere Märkte in Bangkok. In kleinen Restaurants verbringen Büroangestellte ihre Mittagspause, an den Ständen gibt es günstig Kleidung und Accessoires zu kaufen.

8 Terminal 21

Karte T6 ■ Sukhumvit Road, Ecke Soi 21 (Asok Montri Road) ■ +66 2 108 0888 ■ tägl. 10 – 22 Uhr ■ www.terminal21.co.th

Die riesige Shoppingmall gleicht einem futuristischen Flughafenterminal. Jede der neun Ebenen ist einer anderen Stadt nachempfunden, so trifft man hier u. a. auf Bekanntes aus San Francisco oder Rom. Die entspannte Atmosphäre, unzählige Boutiquen und gute Restaurants ziehen mehr junge Leute an als viele andere Malls an der Sukhumvit Road.

9 Pantip Plaza

Karte Q2 ■ Petchaburi Road ■ +66 2 250 1555 ■ tägl. 10 – 22 Uhr ■ www.pantipplaza.com

In dem Shoppingmekka für IT-Fans gibt es aktuelle Software, Digitalkameras und jede Menge weitere elektronische Geräte. Achten Sie bei all den neuen und gebrauchten Artikeln unbedingt darauf, dass Sie Originalware erstehen: Trotz regelmäßiger Polizeikontrollen ist Pantip Plaza ein beliebter Umschlagplatz für Fälschungen.

Kleidung in der Sampeng Lane

10 Sampeng Lane

Die Läden entlang der engen Straße verkaufen Haushaltswaren, Kleidung, Accessoires und Schuhe. Die Phahurat Road *(siehe S. 77)* führt direkt zur Sampeng Lane – so hat man als Besucher fast den Eindruck, von Indien nach China zu spazieren *(siehe S. 78)*.

TOP 10 Kostenlose Attraktionen

1 Tempelbesuche

Die meisten Tempel in Bangkok, darunter Wat Mahathat und Wat Ratchabophit *(siehe S. 72)*, sind kostenlos zu besichtigen. Wer die Ruhe genießen und in die friedliche Atmosphäre eintauchen möchte, sollte sich respektvoll kleiden und verhalten. Bevor ein Tempel betreten werden darf, müssen am Eingang die Schuhe ausgezogen werden.

Eingang zum Wat Ratchabophit

2 Thai-Boxen am MBK Center

Karte P3 ■ Ecke Phaya Thai Road & Rama I Road ■ Mi 18 Uhr

Bei den eindrucksvollen *Muay-Thai*-Kämpfen *(siehe S. 47)* vor dem Tokyu Department Store in der Shoppingmall Mahboonkrong *(siehe S. 89)* handelt es sich nicht etwa um Schaukämpfe, wie sie oft extra für Besucher veranstaltet werden. Die Zuschauer sind wild und laut – und die Schläge und Tritte sind echt.

3 Puppentheater im Khlong Bang Luang Artist House

Karte S6 ■ Soi Wat Thong Salangam, Thonburi ■ +66 83 034 9858 ■ tägl. 14 Uhr

Das Künstlerhaus ist nicht ganz leicht zu finden, doch die Suche lohnt sich. Das Projekt hält nicht nur mit Puppentheater ein Stück Thai-Kultur lebendig, es gibt hier auch kostenlose Ausstellungen und am Wochenende einen schwimmenden Markt.

4 Aerobic im Santichaiprakhan-Park

Karte C2 ■ Phra Athit Road

In dem schönen kleinen Park am Chao Phraya, gleich neben dem Phra-Sumen-Fort, beginnen täglich eine Stunde vor Sonnenuntergang Aerobic-Kurse, bei denen jeder mitmachen darf. Ein Kursleiter führt die Bewegungen vor und feuert die Teilnehmer an.

5 Bangkok Art & Culture Centre

Das BACC ist ein strahlend weißes Museum für zeitgenössische Kunst mit vielen Ausstellungen und Veranstaltungen. Hier kann man inmitten der Shoppingmalls der Stadt zur Ruhe kommen *(siehe S. 43)*.

6 Thailändischer Tanz am Erawan-Schrein

Der heilige Schrein *(siehe S. 86)* in Bangkoks Shoppingviertel ist dem hinduistischen Gott Brahma geweiht. Thai bringen Blumen und Weihrauch dar oder beauftragen die anwesende Tanztruppe, für die Erfüllung ihrer Wünsche zu tanzen.

Thai-Tänzerinnen am Erawan-Schrein

'ai-Chi im Lumphini-Park

7 Tai-Chi im Lumphini-Park

Venn der Morgen dämmert, kann nan in dem Park *(siehe S. 86)* Anıängern der alten chinesischen Kampfkunst bei ihren fließenden Übungen zusehen. Man darf sich ıuch hinzugesellen und den Bewegungen der Teilnehmer folgen.

8 Bangkok Butterfly Garden

m Vergleich zum nahen Vochenendmarkt st der in einem Park gelegene Garen ein Ort der Stille. Hier kann man frei fliegende Schmetterlinge und diverse Arten unter Glas sehen *(siehe S. 51)*.

Bangkok Butterfly Garden

9 Kunstsammlungen der Neilson Hays Library

Karte N5 ■ 195 Surawong Road ■ +66 2 233 1731 ■ Di–So 9.30–17 Uhr ■ www.neilsonhayslibrary.org

n dem schönen klassizistischen Gebäude befinden sich neben der privaten Bibliothek die Kunstgalerien Rotunda und Garden Café.

10 Meditationskurse im Wat Mahathat

Die dreistündigen Einführungskurse n die buddhistische Meditation 7 Uhr, 13 Uhr & 18 Uhr) beginnen nit einem kurzen Vortrag und behandeln dann Übungen im Sitzen und im Gehen. Der Tempel *(siehe S. 72)* bietet auch längere Seminare nit Unterkunft und Verpflegung an. Die Kurse sind gratis, es wird jedoch eine Spende erwartet.

Bangkok für wenig Geld

1 Kioske am Flughafen und in Shoppingmalls bieten SIM-Karten mit Kurzzeitverträgen an. Die Übertragungsraten in Bangkok sind sehr gut.

2 Thailand berechnet sieben Prozent Mehrwertsteuer. Einen Teil kann man sich bei der Ausreise erstatten lassen, wenn man Rechnungen ab 2000 Baht vorlegen kann.

3 Die Nahverkehrssysteme Metro (MRT), Skytrain und Suvarnabhumi Airport Rail Link decken fast ganz Bangkok ab.

4 Mit dem Chao Phraya Express *(siehe S. 90)* sieht man die Sehenswürdigkeiten am Fluss ohne Verkehrsprobleme.

5 Wer kostenlose Veranstaltungen sucht, sollte einen Blick in die Magazine *Bangkok 101* oder *The BigChilli* werfen (auch online). *BK* listet ebenfalls Veranstaltungen auf und ist gratis.

6 Es gibt in Bangkok eine Reihe ordentlicher Gästehäuser *(siehe S. 116f)*.

7 Auf Straßenmärkten kann man immer feilschen (außer um Essen). Beginnen Sie mit dem halben Preis und lächeln Sie.

8 Importierter Alkohol wird mit bis zu 400 Prozent besteuert. Thailändisches Bier (u. a. Singha, Leo und Chang) ist gut und günstiger, Rum ebenfalls – probieren Sie Sang Som mit Soda und Zitrone.

9 Traditionelle Massagesalons bieten nicht den Luxus eines Spas, doch vernünftige Körper- und Fußmassagen zu einem guten Preis.

10 Shoppingmalls haben meist im Untergeschoss einen klimatisierten Food-Court, wo man für regionale Spezialitäten viel weniger zahlt als im Restaurant.

Food-Court im Siam Paragon

TOP 10 Festivals

Mit farbenfrohen Löwentänzen wird das Chinesische Neujahr gefeiert

1 Chinesisches Neujahr

Chinatown ▪ Jan/Feb

Während der einwöchigen thai-chinesischen Feier werden farbenprächtige Prozessionen abgehalten und Feuerwerke abgebrannt.

2 Makha Bucha

in ganz Bangkok ▪ Feb/März

Das buddhistische Fest findet bei Vollmond statt und feiert Buddhas erste Predigt vor 1250 Jüngern – der Beginn des *dhamma*.

Mönche feiern Makha Bucha

3 Songkran

in ganz Bangkok ▪ Mitte Apr

Das Thai-Neujahr ist das turbulenteste Fest des Landes. Die Leute bespritzen sich ausgelassen mit Wasser – ein symbolischer Akt der Reinigung, um das neue Jahr sauber und geläutert zu beginnen. Besucher lieben das Fest, obwohl auch sie dabei in der Regel nass werden.

4 Königliche Pflugzeremonie

Sanam Luang ▪ Anfang Mai

Das Fest am Sanam Luang *(siehe S. 69)* nördlich vom Großen Palast *(siehe S. 14f)* läutet die Saatzeit für Reis ein. Weiße Ochsen ziehen dann mit einem Pflug Furchen, in die geweihter Reis gestreut wird. Nach der Saat sammeln Bauern die Reiskörner wieder ein, um sie auf ihren eigenen Feldern auszusäen.

5 Visakha Puja

in ganz Bangkok ▪ Mai

Am wichtigsten Tag des buddhistischen Kalenders, einem Vollmondtag, ehren die Menschen Buddhas Geburt, Erleuchtung und Tod. An den Tempeln, etwa am Wat Benjamabophit *(siehe S. 40)*, wird abends mit Kerzenprozessionen gefeiert.

6 International Festival of Dance and Music

Thailand Cultural Centre ▪ Sep & Okt

Bangkoks bedeutendstes internationales Kulturfestival findet seit 1999 jedes Jahr im Thailand Cultural Centre *(siehe S. 55)* statt. Neben Künstlern aus aller Welt treten hier auch einige der besten thailändischen Musiker und Tänzer auf. Im Fokus des Festivals stehen Oper, Ballett und klassische Musik, doch auch Jazz und moderner Tanz haben ihren Platz.

Loy Krathong

in ganz Bangkok ■ Nov

Mit diesem Fest ehrt man die Göttin des Wassers und bittet um eine reiche Ernte. Wunderschöne *krathong* (kleine geschmückte Flöße) treiben auf den Flüssen, während Feuerwerke den Nachthimmel erhellen.

Volksfest am Wat Saket

Goldener Hügel ■ Nov

Was im Westen die Jahrmärkte, sind in Thailand die Tempelfeste. Das Fest am Wat Saket und am Goldenen Hügel *(siehe S. 70)* wird kurz vor oder nach Loy Krathong *(siehe oben)* abgehalten. Die Atmosphäre ist großartig. Kinder haben an den Musikern und Gauklern viel Spaß.

Tänzer beim Volksfest am Wat Saket

Cat Expo

Wonder World Fun Park ■ Nov

Thailands größtes Indie-Musikevent war früher als Fat Festival bekannt und begrüßt regelmäßig gut 100 etablierte und aufstrebende Bands. An Ständen kann man die Musiker treffen und sich Filme ansehen.

Geburtstag von König Bhumibol

in ganz Bangkok ■ Dez

Der 5. Dezember ist Vatertag und nationaler Feiertag, doch nach wie vor feiert man an dem Datum auch den Geburtstag von Rama IX., der 2016 verstorben ist – zusätzlich zu den Geburtstagsfeiern für den neuen König Vajiralongkorn am 28. Juli.

Feste in Thailand

Parade zum Blumenfest, Chiang Mai

1 Blumenfest, Chiang Mai
Erstes Wochenende im Feb
Musikkapellen schreiten den mit Blumen geschmückten Festwagen voran.

2 ASEAN-Turteltauben-Wettbewerb
Erste Märzwoche
Vogelfreunde von nah und fern lassen in Yala ihre gefiederten Lieblinge gurren.

3 Musikfestival, Pattaya
März
Thai-Musiker und internationale Bands interpretieren viele Musikstile.

4 Poy Sang Long
Anfang Apr
Bei dem Shan-Fest ziehen ordinierte Novizen durch die Straßen von Chiang Mai und Mae Hong Son.

5 Raketenfest
Mai
Im Nordosten, speziell in Yasothon, werden Raketen abgefeuert, damit der Monsun reichlich fällt.

6 Jazzfestival, Hua Hin
Mai
Beim Strandfestival spielen Jazzgrößen.

7 Phi Ta Khon
Juni/Juli
Einheimische verkleiden sich für dieses bunte Fest in der Provinz Loei als Geister.

8 Vegetarierfest, Phuket
Okt
Selbstkasteiungsrituale ziehen für neun Tage die Massen an.

9 Lanna-Bootsrennen
Okt/Nov
Die Rennen am Ende der buddhistischen Fastenzeit sind in der Nan-Provinz besonders spannend.

10 Elefantenauftrieb
Nov
Im nordöstlichen Surin demonstrieren die Dickhäuter ihr Geschick.

Stadtteile

Funkelnde Skyline des nächtlichen Bangkok

TOP 10 Altstadt

Die Altstadt ist das historische Zentrum von Bangkok. Chao Phraya Chakri, der spätere Rama I., ließ sie 1782 auf einer durch den Bau von Kanälen entstandenen Insel am Ostufer des Chao Phraya anlegen. Diese Insel ist unter dem Namen Rattanakosin bekannt. In der Altstadt finden sich der Große Palast, einst Wohnsitz der königlichen Familie, der Wat Phra Kaeo mit dem Smaragd-Buddha, zahlreiche bedeutende Tempel, Museen und Universitäten sowie die »Königswiese« Sanam Luang.

Rad eines königlichen Bestattungswagens

Khao San Road

siehe Karte rechts

1 TOP10-Attraktionen
siehe S. 69–71

1 Restaurants & Cafés
siehe S. 75

1 Dies & Das
siehe S. 72

1 Bars & Clubs
siehe S. 74

1 Abseits des Trubels
siehe S. 73

1 Sanam Luang

Karte B3 ■ Na Phra Lan Road

In dem von Hochhäusern und verkehrsreichen Straßen geprägten Bangkok erscheint der Sanam Luang (»Königswiese«) besonders idyllisch. Wegen ihrer Bedeutung für königliche Zeremonien wie etwa Einäscherungsrituale wird die große Freifläche wohl nie mit Bürotürmen bebaut werden. Von Februar bis April lassen die Menschen auf der Wiese Drachen steigen, während Wahrsager ihre Dienste anbieten.

2 Nationalmuseum

Das Museum im Norden von Rattanakosin bietet einen hervorragenden Einblick in die Geschichte, die Kunst und das Kunsthandwerk Thailands. Zu den eindrucksvollen Exponaten zählen über 1000 Jahre alte Dvaravati-Skulpturen, herrliche Bestattungswagen und die zauberhafte Buddhaisawan-Kapelle mit der Statuette des Phra-Sihing-Buddha, die in ihrer Bedeutung nur hinter dem Smaragd-Buddha des Wat Phra Kaeo zurücksteht *(siehe S. 16f)*.

3 Großer Palast & Wat Phra Kaeo

Rattanakosin dominiert ein riesiger Komplex, der den Großen Palast und den Wat Phra Kaeo umfasst und Besuchern einen sehr guten Eindruck von thailändischer Architektur und Kunst vermittelt. Während der Königspalast Einflüsse der italienischen Renaissance zeigt, ist der Tempel typisch thailändisch: Er hat einen turmhohen *bot* (Ordinationshalle), in dem der Smaragd-Buddha steht, den schlanken Phra Si Rattana Chedi und Seitengalerien, in denen Fresken Szenen des *Ramakian* zeigen *(siehe S. 12f & S. 14f)*.

Tempelkomplex des Wat Phra Kaeo

4 Lak Muang

Karte C4 ■ Ecke Ratchadamnoen Road & Lak Muang Road ■ tägl. 8.30–17.30 Uhr

Dieser Schrein birgt die Stadtsäule von Bangkok, die Rama I. 1782 aufstellen ließ. Es heißt, Chao Pho Lak Muang, der Wächtergeist der Stadt, wohne darin. Auch die Stadtsäule von Thonburi, das heute zum Großraum Bangkok gehört, befindet sich hier. Lotosförmige Kronen zieren die beiden goldbemalten Holzsäulen. Die Kultstätte ist stets gut besucht.

Lak Muang mit den Stadtsäulen

5 Wat Pho

Bangkoks ältester und größter Tempel (offiziell Wat Phra Chetuphon) beherbergt die bedeutendste Bildungsinstitution des Landes und eine weltweit angesehene Massageschule. Im Vergleich zum Wat Phra Kaeo mit seinen juwelenbesetzten Monumenten wirkt der Wat Pho recht dezent. Hauptattraktion ist der 46 Meter lange liegende Buddha im *wihan* (Versammlungshalle) in der Nordwestecke der Anlage. Es gibt auch ruhigere Bereiche, in denen man mit Mönchen oder Absolventen der Massageschule ins Gespräch kommen kann *(siehe S. 18f)*.

6 Wat Saket & Goldener Hügel

Karte D3/E3 ■ 344 Chakkaphatdi Phong Road ■ +66 2 621 2280 ■ tägl. 8.30–19 Uhr ■ Eintritt für Goldenen Hügel

Der Tempel aus der Zeit der Stadtgründung im späten 18. Jahrhundert diente ursprünglich als Krematorium fürs einfache Volk. Herrliche Fresken schmücken die Wände seines *wihan* (Versammlungshalle). Im Tempelbezirk liegt auch der künstlich aufgeschüttete, 76 Meter hohe Goldene Hügel, auf den 320 Stufen führen. Seine Spitze krönt ein goldener *chedi* (Stupa). Von dort bietet sich ein fantastischer Blick auf die Altstadt.

Thai & Geister

Lak Muang, Amulettmarkt und Geisterhäuschen (Schreine für die Erdgeister eines bebauten Grundstücks) sind animistische Beispiele, die verdeutlichen, dass sich der Glaube der Thai nicht auf den Buddhismus beschränkt. Der Buddhismus ist in Thailand wahrscheinlich deshalb so verbreitet, weil er Raum lässt für Aspekte anderer Glaubensrichtungen.

7 Fluss- & Kanaltour

Bei einer Bootsfahrt erhält man einen guten Eindruck davon, wie man vor dem Autozeitalter in Bangkok lebte. Agenturen und Hotels organisieren Touren, Sie können aber auch einfach einen der Langbootbesitzer an den Piers ansprechen und mit ihm eine Rundfahrt arrangieren *(siehe S. 20f)*.

Boot auf einem Kanal

Schalenfertigung in der Soi Ban Baat

8 Soi Ban Baat

Karte D4 ■ Boriphat Road

Der *baat* (Almosenschale) gehört zu den wenigen materiellen Dingen, die ein buddhistischer Mönch besitzt. Jeden Morgen werden die Schüsseln von Gläubigen mit Essen gefüllt. Die meisten dieser Schalen stammen aus industrieller Fertigung, doch in der Soi Ban Baat gibt es noch Familien, die *baat* von Hand herstellen. Traditionell bestehen *baat* aus acht Metallstreifen, die für den achtfachen Pfad des Buddhismus stehen. Diese werden zunächst in einem Ofen fest verschweißt, dann geformt und schließlich glatt gefeilt.

9 Amulettmarkt

Karte B3 ■ rund um die Maharat Road ■ tägl. 8–18 Uhr

Sehr weitverbreitet ist in Thailand der Glaube, dass kleine Buddha-Figuren, Abbilder von berühmten Königen oder sogar Tigerzähne den

Träger vor Unheil schützen. Daher ist es auch nicht ungewöhnlich, dass Einheimische derartige Glücksbringer leidenschaftlich sammeln und mitunter ganze Amulettketten um den Hals tragen. Besucher, die sich für Amulette interessieren, sollten den Straßenmarkt rund um den Wat Mahathat aufsuchen. Machen Sie es dort wie die Thai: Potenzielle Käufer prüfen die angebotenen Objekte gern mit der Lupe und stellen dem Verkäufer reichlich Fragen über die schützenden Eigenschaften der Amulette.

Traditionelle Kunst im Wat Suthat

10 Wat Suthat

Karte D4 ■ 146 Bamrung Muang Road ■ +66 2 224 9845 ■ tägl. 9–16 Uhr ■ Eintritt

Der Wat Suthat ist einer der bedeutendsten Tempel der Stadt. Rama I. (1782–1807) begann 1807 mit dem Bau, seine Nachfolger beendeten ihn. Direkt davor ragt die riesige Schaukel Sao Ching Cha in den Himmel – sie wurde einst für brahmanische Zeremonien genutzt. Der Komplex beherbergt den höchsten *wihan* von Bangkok, gebaut für den Phra Sri Sakyamuni, eine Sukhothai-Buddhastatue aus dem 14. Jahrhundert. Die Fresken im *wihan* sind sehr detailreich, auf der Anlage stehen zudem vier prächtige Bronzepferde.

Spaziergang

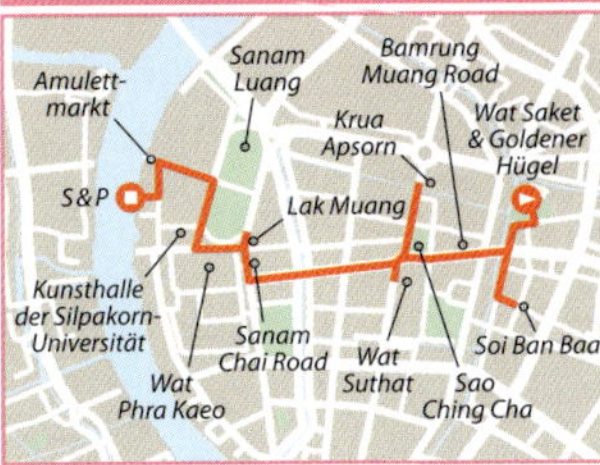

Vormittags

Beginnen Sie Ihre Tour beim **Wat Saket** und erklimmen Sie den **Goldenen Hügel**, bevor Sie der Boriphat Road nach Süden folgen. In der Gasse **Soi Ban Baat** werden Almosenschalen noch traditionell von Hand gefertigt. Dann geht es die Boriphat Road wieder hinauf und links in die **Bamrung Muang Road** *(siehe S. 72)*, wo eine Reihe von Läden Buddha-Figuren und Tempelutensilien anbieten. Wenn Sie vor der riesigen Schaukel **Sao Ching Cha** stehen, sind Sie auch am **Wat Suthat** angelangt – er birgt schöne Schnitzereien und Gemälde. Nach der Besichtigung folgen Sie der Dinso Road nach Norden und gönnen sich im **Krua Apsorn** *(siehe S. 75)* ein Mittagessen – zur Wahl stehen feurige zentralthailändische Gerichte wie Grünes Curry mit Fischbällchen.

Nachmittags

Nach dem Essen geht es zurück zur Bamrung Muang Road und gen Westen über den *khlong*, dann rechts in die **Sanam Chai Road**, die zum **Sanam Luang** führt. Vor der königlichen Wiese treffen Sie auf den Schrein **Lak Muang**, wo man stets Gläubige beim Gebet sieht. Die Straße zwischen Sanam Luang und den Mauern des **Wat Phra Kaeo** bringt Sie zur **Kunsthalle der Silpakorn-Universität** *(siehe S. 73)*, wo Werke hiesiger Künstler zu bewundern sind. Vielleicht kaufen Sie sich auf dem **Amulettmarkt** noch einen Glücksbringer, bevor Sie die Tour mit einem Drink auf der Terrasse des **S & P** *(siehe S. 75)* nahe dem Maharat Pier beschließen.

Siehe Karte S. 68

Dies & Das

1 Wat Ratchabophit

Karte C4 ■ Fuang Nakhon Road ■ +66 2 221 1888 ■ tägl. 5–20 Uhr; Bot: 9–9.30 & 17.30–18 Uhr

Glanzlichter des Tempels sind die Intarsien an Türen und Fenstern des *bot* (Ordinationshalle) und die bunten Fliesen in den Kreuzgängen *(siehe S. 41)*.

Intarsien, Wat Ratchabophit

2 Bamrung Muang Road

Karte D4

Der einstige Elefantenpfad wurde eine der ersten gepflasterten Straßen der Stadt. Läden verkaufen Kutten, Räucherstäbchen und Buddha-Bildnisse.

3 Museum Siam

Karte C5 ■ Sanam Chai Road ■ +66 2 225 2777 ■ Di–So 10–18 Uhr ■ Eintritt ■ www.museumsiam.org

Auf drei Etagen finden sich faszinierende interaktive Ausstellungen zur Geschichte und zur Kultur Thailands sowie zum Buddhismus.

4 Phra-Sumen-Fort

Karte C2 ■ Phra Athit Road

Die achteckige Festung aus Ziegeln und Stuck wurde 1783 erbaut. Sie war eine von 14 Festungen, die einst die Rattanakosin-Insel vor Angriffen schützten.

Phra-Sumen-Fort

5 Wat Mahathat

Karte B3 ■ Maharat Road ■ +66 2 221 5999 ■ tägl. 7–20 Uhr

Der königliche Tempel beheimatet das sehr angesehene Vipassana-Meditationszentrum *(siehe S. 40)*.

6 Nationalgalerie

Karte C3 ■ 4 Chao Fa Road ■ +66 2 281 2224 ■ Mi–So 9–16 Uhr ■ Eintritt

Die einstige königliche Münze birgt Bangkoks bedeutendste Kunstsammlung mit Werken renommierter und aufstrebender thailändischer Künstler.

7 Khao San Road

Karte C3

Preiswerte Unterkünfte und Restaurants, Marktstände und Souvenirläden säumen die hektische, bei Rucksackurlaubern beliebte Straße.

8 Wat Bowonniwet

Karte C2 ■ 240 Phra Sumen Road ■ +66 2 280 0869 ■ tägl. 8–17 Uhr ■ www.watbowon.org

Der Tempel, Hauptsitz der Thammayut-Glaubensgemeinschaft, birgt ungewöhnliche Fresken *(siehe S. 40)*.

9 Loha Prasat & Wat Ratchanadda

Karte D3 ■ 2 Maha Chai Road ■ +66 2 224 8807 ■ tägl. 8–17 Uhr

Der Loha Prasat (»Eisenpalast«), eine stufenförmige Pyramide mit 37 Metallspitzen, gehört zum Wat Ratchanadda.

10 King Prajadhipok (Rama VII) Museum

Karte D3 ■ 2 Lan Luang Road ■ +66 2 280 3413 ■ Di–So 9–16 Uhr ■ Eintritt

Das moderne Museum befasst sich mit Siams Zeit von 1925 bis 1935 – vor allem mit dem Übergang von der absoluten zur konstitutionellen Monarchie.

Abseits des Trubels

1 Buddhaisawan-Kapelle, Nationalmuseum

Der kühle Teakholzboden der Kapelle mit dem Phra-Sihing-Buddha lädt nach dem Studium der thailändischen Geschichte im Nationalmuseum zur Meditation ein *(siehe S. 16)*.

Kunstwerk, Buddhaisawan-Kapelle

2 Sanam Luang

Auf der »Königswiese« kann man sich im Schatten der Bäume auf Bänken ausruhen *(siehe S. 69)*.

3 Massagepavillon, Wat Pho

Traditionelle Thai-Massagen sind gut für Körper und Geist – und hier arbeiten einige der besten Masseure des Landes *(siehe S. 18)*.

4 Thammasat-Universität

Karte B3 ▪ Maharat Road

Die zweitälteste Universität des Landes (1934), ein Stück flussaufwärts vom Amulettmarkt, bietet ein paar nette Plätze zum Entspannen und einen Food-Court für die Studenten.

5 Santichaiprakhan-Park

Karte C2 ▪ Phra Athit Road ▪ tägl. 5–22 Uhr

Hier kann man mit Blick auf den Chao Phraya nicht nur die Seele baumeln lassen, sondern sich auch dem gemeinschaftlichen Aerobic in der Abenddämmerung anschließen.

6 Suan Romaninart

Karte D4 ▪ Maha Chai Road ▪ tägl. 5–21 Uhr

Wo früher ein Gefängnis stand, liegt heute ein ansprechender Park mit Teichen, Brunnen und schattigen Wegen.

7 Kunsthalle der Silpakorn-Universität

Karte B4 ▪ Na Phra Lan Road ▪ +66 2 221 3841 ▪ Mo–Fr 9–16 Uhr

In der Ausstellungshalle der führenden Kunsthochschule des Landes sind Werke von Schülern, Lehrern und hiesigen Künstlern zu sehen.

8 Mahakan-Fort

Karte D3 ▪ Ecke Maha Chai Road & Ratchadamnoen Road

Von den einst 14 Festungen, die im späten 18. Jahrhundert Rattanakosin umgaben, sind zwei übrig geblieben. Eine ist dieses achteckige Fort, an das ein friedvoller Park grenzt.

9 Restaurants am Fluss, Tha Maharaj

Karte B3 ▪ Maharat Road

In den Restaurants der Shoppingmall Tha Maharaj kann man sich nach Erkundungstouren die Flussbrise um die Nase wehen lassen.

Spaziergänger im Saranrom-Park

10 Saranrom-Park

Karte C4 ▪ Rachini Road ▪ tägl. 5–21 Uhr

Nach einem Streifzug durch Wat Pho oder Großen Palast lockt dieser Park mit Brunnen und Bänken im Schatten der Bäume zur Rast.

Siehe Karte S. 68

Bars & Clubs

1 Phranakorn Bar

Karte C3 ■ 58/2 Soi Damnoen Klang Tai ■ +66 2 622 0282 ■ tägl. 18–1 Uhr

Die bei Künstlern beliebte Bar bietet regelmäßige Ausstellungen und eine Dachterrasse mit Blick auf den Goldenen Hügel.

Tische vor der Bluesbar Adhere the 13th

2 Adhere the 13th

Karte C2 ■ 13 Samsen Road ■ +66 89 769 4613 ■ tägl. 18–24 Uhr

In der einladenden kleinen Bar spielt jeden Abend eine Jazz- oder Bluesband *(siehe S. 56)*.

3 Sheepshank

Karte B2 ■ 47 Phra Athit Road ■ +66 2 629 5165 ■ Mo 17–1 Uhr, Di–So 11–1 Uhr

Das Gastropub serviert in einer ehemaligen Bootswerkstatt am Fluss Craftbeer aus Japan und den USA.

4 Hippie de Bar

Karte C3 ■ 46 Khao San Road ■ +66 81 820 3762 ■ tägl. 16–2 Uhr

In einem Innenhof sitzen an den Tischen dieser im Retro-Look gestalteten Bar mit Boutique kunterbunt zusammengewürfelte Gäste.

5 Brick Bar

Karte C3 ■ 265 Khao San Road ■ tägl. 18.30–23 Uhr ■ www.brickbarkhaosan.com

Der beliebte Club mit Livemusik in der Khao San Road wird von Einheimischen und Urlaubern gleichermaßen geschätzt.

6 The Club

Karte C3 ■ 123 Khao San Road ■ +66 2 629 1010 ■ tägl. 22–3 Uhr

Tolle Atmosphäre, eine riesige Tanzfläche und Musik von Trance bis Techno ziehen Gäste in Scharen an.

7 Bottle Rocket

Karte C2 ■ 76/1 Phra Arthit Road ■ +66 86 085 5550 ■ Di–So 17–24 Uhr

Die kleine Bar bietet hiesiges, japanisches und internationales Craftbeer vom Fass und in der Flasche.

8 Madame Musur

Karte C2 ■ Soi Ram Buttri ■ +66 2 281 4238 ■ tägl. 9–24 Uhr

Zu nordthailändischer Küche genießt man hier gute Drinks und eine entspannte Atmosphäre.

9 Roof Bar

Karte C3 ■ 3. Etage, Centre Point Plaza, Khao San Road ■ +66 86 777 1777 ■ tägl. 16.30–1.30 Uhr

Die Dachbar lockt mit frischer Luft, Spaß, Livebands und einem herrlichen Blick vom Balkon.

10 Brown Sugar: The Jazz Boutique

Karte F6 ■ 18 Soi Nana, Pom Prap Sattru Phai ■ +66 37 949 895 ■ Di–So 17–1 Uhr (Fr & Sa bis 2 Uhr)

Die Jazzbar bietet auch nach dem kürzlichen Umzug nach Chinatown jeden Abend Livemusik *(siehe S. 57)*.

Brown Sugar: The Jazz Boutique

Restaurants & Cafés

Preiskategorien
Für ein Essen aus ein bis zwei Gängen mit einem alkoholfreien Getränk inkl. Service.

B unter 200 B **BB** 200–1000 B
BBB über 1000 B

1 Mui Lee Chicken & Rice

Karte B5 ■ 275 Thanon Wang Doem ■ +66 8 8006 0012 ■ So–Fr 8–1.30 Uhr ■ B

Das legendäre Straßenrestaurant in der Nähe des Wat Arun serviert ausschließlich Huhn mit Reis aus Hainan. Mittags ist der Ansturm groß.

2 Kaloang Home Kitchen

Karte D1 ■ 2 Si Ayutthaya Road ■ +66 2 281 9228 ■ tägl. 11–22 Uhr ■ BB

Das kleine Freiluftlokal hinter der Nationalgalerie ist einfach, bietet aber exzellente Thai-Gerichte, die durchaus erschwinglich sind.

3 Methavalai Sorndaeng

Karte D3 ■ 78/2 Ratchadamnoen Klang Road ■ +66 2 224 3088 ■ tägl. 10.30–22 Uhr ■ BB

Gestärkte weiße Tischdecken, Thai-Gerichte erster Güte und nun auch noch ein Michelin-Stern – Einheimische der älteren Generation lieben das 1957 eröffnete Lokal.

4 S&P

Karte B3 ■ Tha Maharaj, Maharat Road ■ tägl. 10–22 Uhr ■ B

Diese Filiale einer landesweiten Restaurantkette hat leckere Thai-Gerichte, Eis und Kuchen zu bieten und nennt eine Terrasse am Fluss ihr Eigen.

5 Coco Chaophraya Café

Karte B2 ■ 49, 1 Phra Sumen Road ■ +66 2 281 9918 ■ tägl. 10–22 Uhr ■ BB

Ob mittags oder abends: Im Coco Chaophraya Café kann man thailändische, italienische und amerikanische Speisen mit Blick auf den Fluss genießen.

6 Hemlock

Karte B2 ■ 56 Phra Athit Road ■ +66 2 282 7507 ■ Mo–Sa 15–24 Uhr ■ BB

Auf der Speisekarte des schicken kleinen Cafés stehen außergewöhnliche Gerichte – auch für Vegetarier.

7 Supanniga Eating Room

Karte B5 ■ Riva Arun Hotel, 392/25 Maharat Road ■ +66 2 714 7608 ■ Mo–Fr 11–22 Uhr, Sa & So 7.30–22 Uhr ■ BB

Sas Bar-Restaurant am Fluss serviert Gerichte aus Nordthailand und die leckere Küche Chanthaburis.

Gastraum im Supanniga Eating Room

8 Tham Na

Karte C3 ■ 175 Samsen Road ■ +66 2 282 4979 ■ Mo–Sa 11–21 Uhr, So 9–15 Uhr ■ BB

Das preiswerte vegetarische Restaurant verwendet für seine Suppen, Salate und Currys regionale Zutaten wie Pomelo und Lotuswurzel.

9 Somsong Pochana

Karte C2 ■ 173 Samsen Road ■ +66 61 971 1883 ■ tägl. 9–17 Uhr ■ B

Die Nudeln, die das exquisite kleine Lokal serviert, sind nach traditioneller Sukhothai-Art zubereitet.

10 Krua Apsorn

Karte D3 ■ Dinso Road ■ +66 2 685 4531 ■ Mo–Sa 10.30–20 Uhr ■ B

Das schlichte Restaurant ist der perfekte Ort, um sich einfallsreiche Thai-Küche, insbesondere Seafood, schmecken zu lassen.

Siehe Karte S. 68

TOP 10 Chinatown

Als Rama I. 1782 Bangkok gründete, mussten die chinesischen Immigranten, die auf der Insel Rattanakosin lebten, umsiedeln. Sie ließen sich südlich von Rattanakosin am Chao Phraya nieder. Heute ist Chinatown eine der lebhaftesten Gegenden der Stadt. Hier gibt es zwar nicht die bedeutenden Sehenswürdigkeiten wie in der Altstadt, doch dafür bietet das Viertel hübsche Gassen und Märkte, farbenprächtige Tempel und viele Goldläden. In dem Gebiet befindet sich auch Klein-Indien mit dem Kleidermarkt von Phahurat als Herzstück.

Goldener Buddha, Wat Traimit

1 Goldener Buddha, Wat Traimit

Karte F6 ■ 661 Charoen Krung Road ■ +66 2 225 9775 ■ tägl. 8–17 Uhr ■ Eintritt

In Thailand gibt es Tausende vergoldeter Buddhastatuen – die im Wat Traimit besteht aus massivem Gold. Dies wurde erst 1955 offenbar, als die vier Meter hohe und 5500 Kilogramm schwere Statue umkippte und ihr Goldkern zum Vorschein kam. Der Sukhothai-Buddha aus dem 13. Jahrhundert steht in einem funkelnden dreistöckigen Schrein.

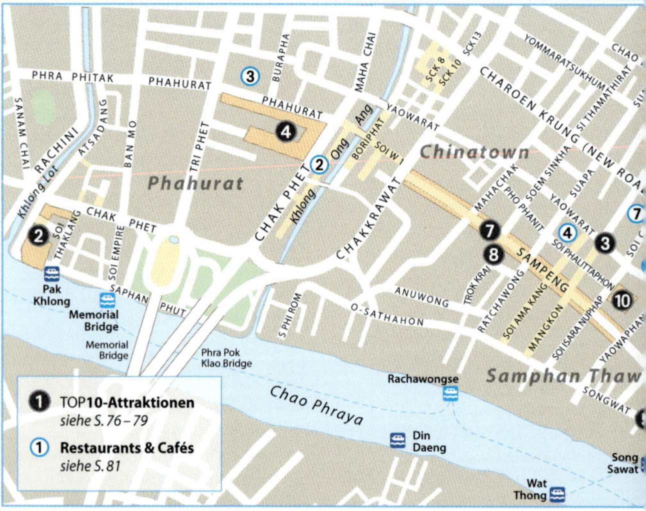

1 TOP10-Attraktionen
siehe S. 76–79

1 Restaurants & Cafés
siehe S. 81

② Pak-Khlong-Markt

Karte C5 ■ Chak Phet Road ■ rund um die Uhr

Der betriebsame große Blumen-, Gemüse- und Obstmarkt ist mit all dem Lärm, den Düften und der Farbenpracht ein wahrer Rausch der Sinne. Tag und Nacht löschen Boote hier ihre Fracht, dann werden Jasmin, Lotos, Nelken und Orchideen, Mangos, Rambutans, Durians, Guaven, Longans und Flaschenkürbisse abgeladen. Am frühen Morgen ist auf dem Markt am meisten los.

Goldläden an der Yaowarat Road

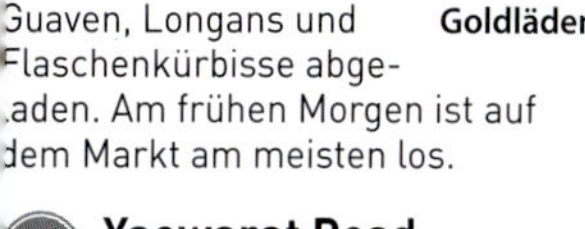

③ Yaowarat Road

Karte E5 ■ Läden: tägl. 8–22 Uhr

Das »goldene Herz« Chinatowns schlägt in dieser Einbahnstraße mit ihren mehr als 100 Goldläden. In den Schaufenstern all der knallrot gestrichenen Geschäfte funkeln Armbänder und Halsketten. Die vielen Fahrzeuge bringen den Verkehr meist zum Erliegen. Auch am Abend ist wegen der Imbissstände und Händler ein Durchkommen nahezu unmöglich.

④ Phahurat-Markt (Klein-Indien)

Karte C5 ■ Phahurat Road ■ tägl. 9–18 Uhr

In Chinatown muss man nur eine Straße überqueren, schon wechselt die Atmosphäre von chinesisch zu indisch: Südlich der Phahurat Road erstreckt sich über etwa einen Straßenblock das Viertel Klein-Indien – eine Art Enklave in der Enklave. In den kleinen Läden stapeln sich Saris und Stoffballen in allen Farben bis unter die Decke und auch die Gehsteige werden von den Händlern genutzt. Kleine Teehäuser und winzige Läden für Hindu-Devotionalien vervollständigen die Szenerie.

⑤ Songwat Road

Karte E6

Die Songwat Road verläuft parallel zum Chao Phraya. Auf den Piers und Kais unterhalten viele Firmen noch ihre Lagerhäuser – vor allem die, die mit Reis handeln –, doch es geht längst nicht mehr so hektisch zu wie früher. Auf einem Spaziergang durch die kleinen Straßen und Gassen zum Fluss bekommt man einen Eindruck davon, wie es im alten Chinatown ausgesehen hat. Am westlichen Ende stößt die Songwat Road auf den Blumenmarkt Pak Khlong.

Wat Mangkon Kamalawat, der meistverehrte Tempel in Chinatown

6 Wat Mangkon Kamalawat (Wat Leng Noi Yee)

Karte E5 ■ Charoen Krung Road ■ +66 2 222 3975 ■ tägl. 6–18 Uhr

Im 1871 errichteten »Tempel der Drachenblume«, dem bedeutendsten chinesischen Tempel in Bangkok, herrscht besonders beim Vegetarierfest im Oktober Hochbetrieb, wenn unzählige Gläubige herbeieilen, um Opfer darzubringen. Der auch unter dem Namen Wat Leng Noi Yee bekannte Tempel besitzt ein eindrucksvolles Eingangstor sowie buddhistische, taoistische und konfuzianische Schreine. Nicht nur im Tempel selbst ist stets viel los: Vor dem Komplex florieren die Geschäfte mit Devotionalien.

Yaowarat-Gold

Starken chinesischen Einfluss in der Thai-Kultur belegt auch die Vorliebe der Einheimischen für Gold – viele Thai tragen schwere goldene Armbänder. Wie bei den Chinesen repräsentiert das Edelmetall Reichtum und Unabhängigkeit. Gold wird in Bangkok nicht per Unze, sondern per Baht (15,24 g) verkauft. Es gilt vielen als die härtere Währung.

7 Sampeng Lane

Karte L3 ■ tägl. 8–20 Uhr

Die etwa einen Kilometer lange, auch Soi Wanit 1 genannte Gasse mitten durch Chinatown ist nichts für ängstliche Leute. Autos haben keine Chance. Überladene Mopeds schlängeln sich mit überaus gewagten Manövern durch die Menschenmassen, während Träger ihre Waren geradezu artistisch auf Kopf und Rücken balancieren. In der Sampeng Lane ist alles zu haben, u. a. Computerspiele, Spielzeug und Kleidung.

8 Wat Ga Buang Kim

Karte D6 ■ Trok Krai, Anuwong Road

Der um einen kleinen Innenhof angelegte Tempel besitzt eine wunderschön verzierte »Vegetarierhalle« mit einem von aufwendig geschnitzten und golden bemalten Miniaturen umgebenen Altar. Auf der äußeren Wand der Halle sind ebenfalls Bilder zu sehen. Fein gearbeitete, aus chinesischen Opern bekannte Figuren aus Keramik zieren den obersten Treppenabsatz. Auf dem Gelände befindet sich ein zweites Gebäude, in dem chinesische Opern aufgeführt werden.

9 Bahnhof Hua Lamphong

Karte F6 ■ Rama IV Road ■ +66 2 225 6964

Der Bahnhof wurde auf Anregung Ramas V. kurz vor dem Ersten Weltkrieg von italienischen Architekten entworfen. Obwohl das Gebäude seither mehrfach modernisiert und renoviert wurde, ist es im Kern unverändert geblieben und daher ein unverwechselbares Wahrzeichen der Stadt. Früher begann für viele Reisende hier das Abenteuer Bangkok. 2022 wurde der Bahnbetrieb jedoch eingestellt und in den neuen Bahnhof Bang Sue verlegt. Es gibt Pläne, das Hua-Lampong-Gebäude in ein Museum umzuwandeln.

10 Talad Kao & Talad Mai

Karte E6 ■ Soi Isara Nuphap ■ Talad Kao: tägl. 4–11 Uhr; Talad Mai: tägl. 4–18 Uhr

Auf diesen beiden Märkten werden neben Obst und Gemüse auch Fisch und Fleisch, Nudeln und Reis, Pilze, Kräuter, Gewürze und Currypasten verkauft – hier gibt es alles. Der Talad Kao (»Alter Markt«) besteht seit dem späten 18. Jahrhundert, der Talad Mai (»Neuer Markt«) ist rund 100 Jahre alt. Beide genießen in Sachen Warenqualität einen exzellenten Ruf. Besonders voll wird es auf den Märkten, wenn das chinesische Neujahrsfest ansteht. Der »Alte Markt« ist nichts für Langschläfer, doch der »Neue Markt« hat bis zum frühen Abend geöffnet.

Händler auf dem Markt Talad Mai

Spaziergang

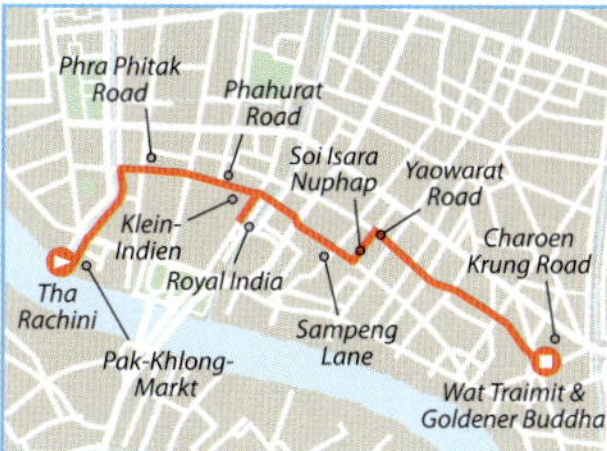

Vormittags

Der Verkehr in Chinatown kann ein wahrer Albtraum sein. Nehmen Sie gegen 9 Uhr eine Fähre nach **Tha Rachini** und biegen Sie nach dem Ausstieg am Pier gleich in die erste Straße rechts ab. Überqueren Sie den Kanal und gehen Sie nach rechts zum **Pak-Khlong-Markt**, auf dem es um diese Zeit recht turbulent zugeht. Dann folgen Sie der Atsadang Road nach Norden und biegen rechts in die **Phra Phitak Road**. Sobald diese zur **Phahurat Road** wird, sind Sie in **Klein-Indien**. Ein Stück weiter zweigt rechts die Chak Phet Road ab, wo Sie im **Royal India** *(siehe S. 81)* ein köstliches nordindisches Mittagessen genießen können.

Nachmittags

Derart gestärkt sind Sie bereit für einen Bummel in der **Sampeng Lane**, wo es allerlei Kitsch und billiges Spielzeug gibt. Da es hier viele Taschendiebe gibt, sollten Sie gut auf Ihre Sachen achten. An der **Soi Isara Nuphap** biegen Sie links ab und schlendern – vorbei an chinesischen Kräuterverkäufern und Drogisten – zur **Yaowarat Road**. Wenn Sie rechts abbiegen, erreichen Sie die knallig roten Goldläden, vor denen in der Regel bewaffnete Wächter Dienst tun. Wo die Yaowarat Road auf die **Charoen Krung Road** trifft, wechseln Sie auf die Ostseite der Straße und betreten den Tempel **Wat Traimit**. Nehmen Sie Platz, bewundern Sie in Ruhe den herrlichen **Goldenen Buddha** und lassen Sie mit diesem Erlebnis den Tag ausklingen.

Siehe Karte S. 76f

Shopping

1 Blumen

Der Pak-Khlong-Markt *(siehe S. 77)* ist ein wahres Blumenmeer. Die Händler verkaufen u. a. Rosen, Orchideen und Lotos, aus denen Sie sich auch gleich einen Strauß binden lassen können.

2 Gold

Wer Gold kaufen möchte, sollte sich in den Läden entlang der Yaowarat Road *(siehe S. 77)* umsehen. Hier gibt es 23-karätiges Gold in verschiedensten Formen und Designs *(siehe S. 78)*.

3 Textilien

In Chinatown gibt es ein riesiges Angebot an Textilwaren. Vor allem der Phahurat-Markt *(siehe S. 77)* steht wegen seiner günstigen Preise für Stoffe und Kleidung bei vielen Besuchern hoch im Kurs.

Angestellter eines Teeladens

4 Tee

In Chinatown wird an jeder Ecke Tee angeboten und in großen Mengen getrunken – ob grün oder schwarz, ob lose oder abgepackt. Die aromatischsten Teesorten bekommt man auf den Märkten oder in Kräuterläden.

Lotosknospen

5 Räucherwerk

Für Chinesen ist Räucherwerk sehr wichtig – vor allem als Opfergabe. Aus diesem Grund verkaufen mehrere Läden in Chinatown Weihrauch und andere Harze in verschiedenen Formen. Die größten Räucherstäbchen entfalten ihren Duft über mehrere Stunden.

6 Accessoires

Überall in Chinatown kann man günstigen Modeschmuck kaufen. Eine gute Adresse ist die Sampeng Lane *(siehe S. 78)*. Das Angebot reicht von Plastikohrringen und Glasperlenketten über Handyschalen bis zu paillettenbesetzten Handtaschen.

7 Keramik

Die meisten in Chinatown angebotenen Tonwaren sind Gebrauchsgegenstände und daher wenig dekorativ. Dennoch kann man auch hier kleine Schätze entdecken.

8 Lampions

In einigen Gassen abseits der Soi Isara Nuphap leben noch Familien vom Lampionmachen. Die bunten Produkte werden dann in den Läden der Sampeng Lane *(siehe S. 78)* verkauft.

9 Gewürze

Die farbenfrohen Chilipasten und Gewürze, die auf den Märkten in großen Gefäßen angeboten werden, sind ein besonders beliebtes thailändisches Andenken für zu Hause.

10 Opfergaben

Die häufigsten Opfergaben in Bangkok sind Weihrauch und buntes Papier. Einige auf religiöse Gegenstände spezialisierte Läden führen jedoch auch Miniaturschreine und leuchtende Gewänder für Bildnisse von chinesischen Gottheiten.

Siehe Karte S. 76f

Restaurants & Cafés

1 Haze BKK

Karte M2 ■ 425 Luang Road ■ +66 9 656 5635 ■ Mi–Mo 17–23 Uhr ■ BB

In dieser entspannten Bar gibt es thailändisches und internationales Craftbeer, dazu Livemusik und Sport auf Großbildschirmen.

2 Royal India

Karte D5 ■ 392/1 Chak Phet Road ■ +66 2 221 6565 ■ tägl. 10–22 Uhr ■ BB

Die Einrichtung beeindruckt wenig – dafür überzeugen die leckeren nordindischen Gerichte.

3 Food Center, Old Siam Plaza

Karte C5 ■ Phahurat Road ■ tägl. 10–17 Uhr ■ B

Im dritten Stock des Shoppingcenters werden thailändische und chinesische Gerichte, im ersten Stock Thai-Desserts angeboten.

4 Shangarila

Karte E5 ■ 306 Yaowarat Road ■ +66 2 224 5933 ■ tägl. 10.30–22 Uhr ■ BB

Diese Filiale einer beliebten kantonesischen Restaurantkette serviert wunderbare *dim sum*, Suppen und Pfannengerichte.

Gerichte im Shangarila

Preiskategorien

Für ein Essen aus ein bis zwei Gängen mit einem alkoholfreien Getränk inkl. Service.

B unter 200 B **BB** 200–1000 B
BBB über 1000 B

5 Hua Seng Hong

Karte E5 ■ 371 Yaowarat Road ■ +66 2 222 7053 ■ tägl. 9–1 Uhr ■ BB

Die Vogelnestsuppe des Lokals ist berühmt, doch westliche Gaumen werden eventuell *hoy tawt* (Muscheln in Backteig) bevorzugen.

6 T & K

Karte E6 ■ 49 Soi Phadungdao ■ +66 2 223 4519 ■ tägl. 16.30–2 Uhr ■ BB

Spezialität des geschäftigen Chinatown-Lokals ist Seafood vom Grill.

7 Hong Kong Noodles

Karte E5 ■ 136/4 Soi Charoen Krung 16 ■ tägl. 10–20 Uhr ■ B

Das gut besuchte Lokal serviert leckere Nudeln mit gebratener Ente.

8 Chong Kee

Karte F6 ■ 84 Soi Sukon 1, Tri Mit Road ■ Mo 9.30–14 Uhr, Di–So 9.30–17.30 Uhr ■ B

Satay-Spieße aus Schweinefleisch mit süßem Toast sind hier eine begehrte Spezialität.

9 Tep Bar

Karte M3 ■ Soi Nana (nahe Charoen Krung Road) ■ +66 98 467 2944 ■ tägl. 17–24 Uhr (Fr & Sa bis 1 Uhr) ■ BB

Im Tep sind sowohl das Fleisch vom Grill und die würzigen Salate als auch der thailändische Kräuterschnaps zu empfehlen.

10 Ba Hao

Karte M3 ■ 8 Soi Nana (nahe Charoen Krung Road) ■ +66 64 635 1989 ■ Di–So 18–24 Uhr ■ BB

In der schicken Chinoiserie genießt man chinesisches Wohlfühlessen, Tees, Ginseng-Shots und Cocktails.

TOP 10 Zentrum

Im dicht bebauten Zentrum Bangkoks, östlich von Altstadt und Chinatown, gibt es in erster Linie Botschaften, Büros, Nobelhotels, Restaurants und Veranstaltungsorte. Zu den wenigen historischen Sehenswürdigkeiten zählen die Mariä-Himmelfahrt-Kathedrale und reizvolle Kolonialbauten als Kontrast zu den Wolkenkratzern. Im Lumphini-Park kann man entspannen, in der Silom Road, am Siam Square und in der Ploen Chit Road hervorragend shoppen. Nachtschwärmer sind in Silom gut aufgehoben: Patpong 1 und 2 sind einschlägige Adressen für Bars mit Livebands.

Prähistorische Tonwaren, Suan Pakkad

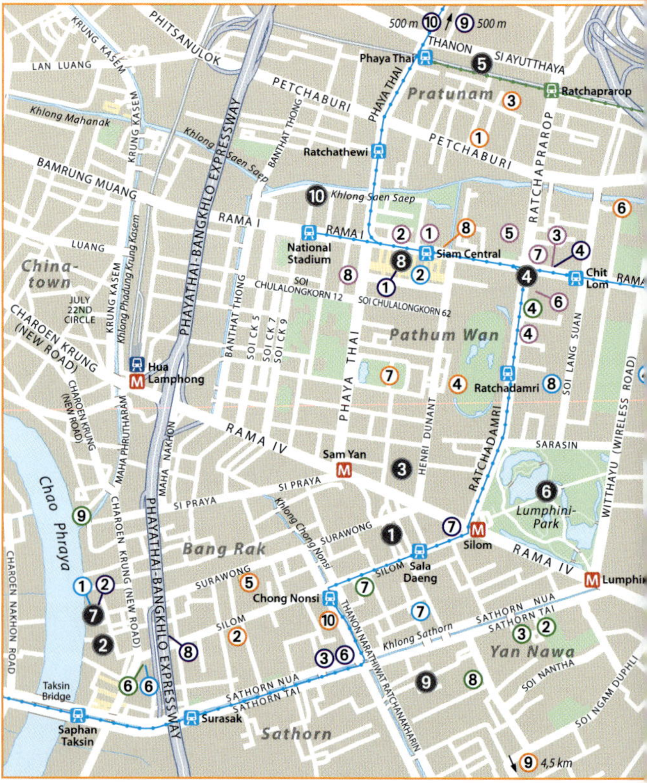

Vorhergehende Doppelseite Dämonenfiguren auf dem Gelände des Wat Phra Kaeo

1 Patpong

Karte P5 ■ zwischen Silom Road & Surawong Road ■ Märkte & Bars: tägl. 6–1 Uhr

Die Gassen Patpong 1 und 2 sind nach ihrem ehemaligen Besitzer, einem chinesischen Millionär, benannt. Berühmt wurden sie in den 1960er Jahren, als US-amerikanische Vietnamsoldaten die Go-go-Bars besuchten. Glanzzeit waren die 1980er Jahre, als in Thailand der Tourismus aufblühte. Anfang der 1990er Jahre wurde in Patpong 1 ein Nachtmarkt ins Leben gerufen, das Sexgeschäft nahm ab. Ein paar Vergnügungslokale für Erwachsene gibt es aber noch immer, und Schlepper sind in dieser Gegend sehr verbreitet.

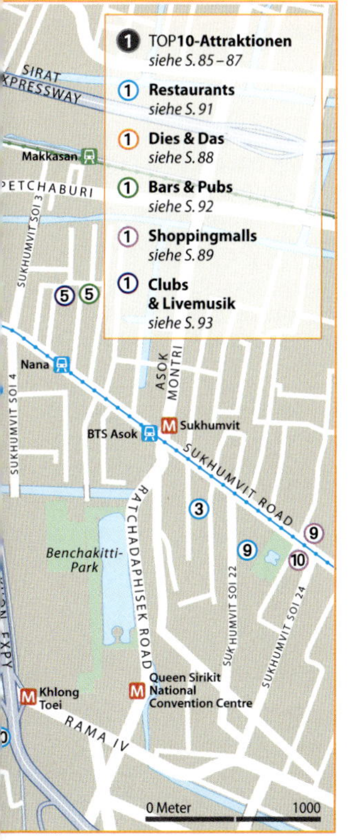

Mariä-Himmelfahrt-Kathedrale

2 Mariä-Himmelfahrt-Kathedrale

Karte M6 ■ Soi Oriental ■ +66 2 234 8556 ■ tägl. 6–19 Uhr ■ www.assumptioncathedralbkk.org

Die Kathedrale von 1910 beherrscht den von Bäumen beschatteten Vorplatz der Katholischen Mission in einem ruhigen Viertel am Fluss. Die verzierten Mauern in Weiß und Rosa harmonieren mit dem bunten Rokoko-Interieur. Der Sakralbau zeugt vom Wirken französischer Missionare, die nur wenige Menschen bekehrten, aber die Verständigung zwischen den Religionen förderten.

3 Queen-Saovabha-Schlangenfarm

Karte P4 ■ 1871 Rama IV Road ■ +66 2 252 0167 ■ Vorführungen: Mo–Fr 11 & 14 Uhr, Sa & So 11 Uhr ■ Eintritt ■ www.saovabha.org

Das thailändische Rote Kreuz betreibt das 1923 als Pasteur Institute gegründete Queen Saovabha Memorial Institute samt Schlangenfarm. Hier kann man sich über thailändische Giftschlangen und ihr Verhalten informieren und sich über die Herstellung von Gegengiften erkundigen *(siehe S. 50)*.

4 Erawan-Schrein

Karte Q3 ▪ Ecke Ratchadamri Road & Ploen Chit Road

Der Schrein ist eine Oase der Ruhe im geschäftigen Bangkok und eines seiner sonderbarsten Wahrzeichen. Dem Volksglauben nach besitzt er heilende Kräfte: Die bösen Geister, die in den 1950er Jahren beim Bau des Erawan Hotel für tödliche Unfälle sorgten, seien beschwichtigt, seit 1956 dieser Haustempel errichtet wurde. Viele Menschen bitten hier mit Blumen, Weihrauch und Kerzen um die Erfüllung ihrer Wünsche.

Erawan-Schrein

5 Suan-Pakkad-Palast

Karte Q1 ▪ 352–354 Sri Ayutthaya Road ▪ +66 2 246 1775 ▪ tägl. 9–16 Uhr ▪ Eintritt ▪ www.suanpakkad.com

In den 1950er Jahren ließen Prinz und Prinzessin Chumbhot diesen Komplex traditioneller Thai-Häuser, heute Museum, auf einer ehemaligen Gemüseanbaufläche errichten (daher der Name »Kohlfeld«). Zu bewundern sind Statuen, Gemälde, Porzellan, *Khon*-Theatermasken und Musikinstrumente *(siehe S. 43)*.

6 Lumphini-Park

Karte Q4 ▪ Ecke Ratchadamri Road & Rama IV Road ▪ tägl. 5–20 Uhr

Man kann sich Bangkok ohne diese »grüne Lunge« im Herzen des Geschäfts- und Vergnügungsviertels gar nicht vorstellen. Der Park bietet einen großen See, gepflegte Rasenflächen und Schatten spendende Bäume. Einheimische gehen spazieren, joggen oder machen in Gruppen Tai-Chi. Zwischen Februar und April lässt man hier gern Drachen steigen.

7 Oriental Hotel

Karte M5 ▪ 48 Oriental Avenue ▪ +66 2 659 9000

Bangkoks ältestes Hotel ist Luxusherberge *(siehe S. 114)* und historische Institution zugleich. Berühmte Schriftsteller wie Joseph Conrad und William Somerset Maugham zählten zu seinen Gästen. Der »Autorenflügel« aus dem Jahr 1876 verschwindet heute zwar beinahe zwischen Garden Wing und River Wing, doch er lockt noch immer Besucher in die Authors' Lounge auf eine Tasse Tee.

8 Siam Square

Karte P2 ▪ Ecke Rama I Road & Phaya Thai Road

Der Siam Square ist ein Labyrinth aus Straßen voller Einkaufsarkaden, umgeben von mehrstöckigen Shoppingmalls. Die zahllosen kleinen Läden – manche sind gerade einmal einen Meter breit –, die Milchbars um den Center Point und die Fast-Food-Restaurants am südlichen Ende des Platzes sind bei den Studenten der nahe gelegenen Chulalongkorn-Universität sehr beliebt. Es gibt hier auch edle Läden mit Designermode und Accessoires von jungen hiesigen Modeschöpfern. Der Siam Square bietet außerdem Kinos und eine gute Auswahl an Cafés und Restaurants.

See im Lumphini-Park

Haus von M. R. Kukrit Pramoj

9 Haus von M. R. Kukrit Pramoj

Karte P6 ■ Soi 7, Narathiwat Ratchanakharin Road ■ +66 2 286 8185 ■ tägl. 10–16 Uhr ■ Eintritt

Mom Rajawongse Kukrit Pramoj (1911–1995), ein Nachkomme von Rama II., zählt zu den beliebtesten Thai des 20. Jahrhunderts *(siehe S. 39)*. Er gründete die Zeitung *Siam Rath* und schrieb Hunderte Bühnenstücke, Gedichte und Romane. Von 1975 bis 1976 war er Premierminister. Sein Haus samt Garten beließ man wie zu seinen Lebzeiten.

Thai-Seide

Thailands Seidenindustrie ist weltberühmt und rund 3000 Jahre alt. Sie befand sich im Niedergang, als der Amerikaner Jim Thompson in den 1940er Jahren in Bangkok eintraf. Er war entschlossen, die Industrie wiederzubeleben. Sein Geschäftsmodell, das es den Angestellten ermöglichte, von zu Hause aus zu arbeiten, gab vielen thailändischen Frauen die Möglichkeit, zu Ernährerinnen zu werden und gleichzeitig ihr Heim zu erhalten.

10 Jim-Thompson-Haus

Das Haus ist eine besonders beliebte Attraktion in Bangkok. Die wunderschöne Anlage mit traditionellen Thai-Häusern vermittelt einen Eindruck davon, wie die wohlhabenden Bürger von Bangkok Mitte des 20. Jahrhunderts lebten. Zur Inneneinrichtung gehören edle Möbel, Skulpturen und Wandteppiche. Das Anwesen kann nur bei einer Führung besichtigt werden *(siehe S. 28f)*.

Spaziergang

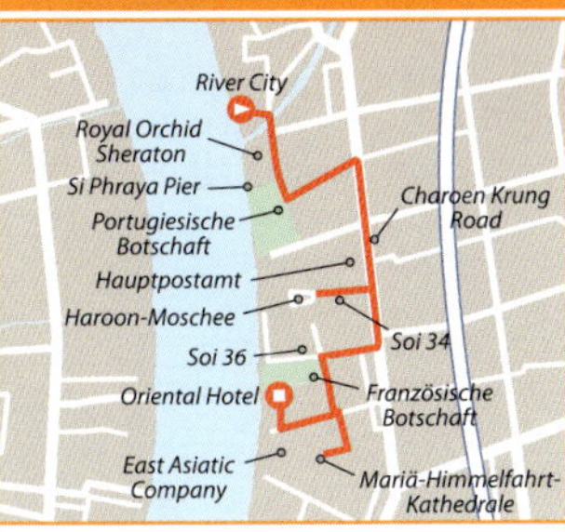

Vormittags

Der rund einen Kilometer lange Spaziergang beginnt am noblen Shoppingcenter **River City** (Yota Road) nördlich vom **Si Phraya Pier**. Das Haus verkauft neben Schmuck, Büchern und Mode auch edle Antiquitäten in der dritten und vierten Etage. Alle zwei Monate finden hier zudem Auktionen statt. Nach dem Einkaufsbummel gehen Sie nach Süden, vorbei am **Royal Orchid Sheraton** *(siehe S. 114)*, und werfen einen Blick auf die **Portugiesische Botschaft**, die 1820 als erste europäische Botschaft in Siam ihre Arbeit aufnahm. Die Gasse führt Sie bis zur **Charoen Krung Road**, der Sie nach Süden folgen. Rechts liegt das **Hauptpostamt**, ein eindrucksvolles Art-déco-Gebäude. Danach biegen Sie rechts in die **Soi 34**, die ein paar alte Holzhäuser säumen. Die gewundene Gasse führt zur **Haroon-Moschee**, einem schönen kleinen Stuckbau der muslimischen Gemeinde. Die nächste Gasse südlich ist die **Soi 36**. Dort steht die **Französische Botschaft**, die zweitälteste Auslandsvertretung in Bangkok. Wenn Sie von hier nach Süden gehen, gelangen Sie zur **Mariä-Himmelfahrt-Kathedrale**. Wenden Sie sich nach der Besichtigung des Gotteshauses nach Westen und gehen Sie zum Fluss, wo das 1901 errichtete Hauptquartier der **East Asiatic Company** steht. Nebenan können Sie in der ehrwürdigen Authors' Lounge des **Oriental Hotel** Tee und Kuchen in schöner Atmosphäre genießen.

Siehe Karte S. 84f

Dies & Das

1 Pratunam-Markt

Karte Q1 ■ Ecke Phetchaburi & Ratchaprarop Road ■ tägl. 9–24 Uhr

Der Pratunam-Markt ist ideal, um preiswert Textilien und Kleidung zu kaufen und ins chaotische Straßenleben Bangkoks einzutauchen.

2 Maha-Uma-Devi-Tempel

Karte N5 ■ Ecke Silom Road & Soi Pan ■ +66 2 238 4007 ■ tägl. 6–20 Uhr

Der Tempel ist auch unter dem Namen Sri Mariamman bekannt und birgt viele farbenfroh bemalte Hindu-Gottheiten.

Statue im Maha-Uma-Devi-Tempel

3 Baiyoke Sky Hotel

Karte Q1 ■ 222 Ratchaprarop Road ■ +66 2 656 3000 ■ Aussichtsplattform: tägl. 10–22 Uhr; Eintritt

Das mit 304 Metern zweithöchste Gebäude Bangkoks bietet eine offene Drehterrasse mit wahrhaft großartigem Ausblick über die Stadt.

4 Royal Bangkok Sports Club

Karte Q3 ■ Henri Dunant Road ■ +66 2 028 7272 ■ www.rbsc.org

Im Oval der Pferderennbahn hat man einen Golfplatz angelegt.

5 Neilson Hays Library

Karte N5 ■ 195 Suriwong Road ■ +66 2 233 1731 ■ Di–So 9.30–17 Uhr ■ www.neilsonhayslibrary.org

Die Bibliothek in einem historischen Gebäude hat in ihren Regalen mehr als 20 000 Bücher stehen.

6 Chao-Mae-Tubtim-Schrein

Karte R2 ■ Wireless Road

Gläubige mit Kinderwunsch überhäufen den Schrein mit phallischen Opfergaben *(siehe S. 48)*.

7 Chulalongkorn-Universität

Karte P3 ■ Phaya Thai Road ■ +66 2 215 0871 ■ www.chula.ac.th

Der Campus der renommiertesten Universität Thailands ist ein Mix aus westlicher und Thai-Architektur.

8 Sea Life Bangkok Ocean World

Karte P2 ■ UG Siam Paragon, Rama I Road ■ +66 2 687 2000 ■ tägl. 10–21 Uhr ■ Eintritt ■ www.sealifebangkok.com

In diesem gewaltigen Aquarium leben mehr als 400 Meerestierarten. Es gibt auch einen Unterwassertunnel.

9 Museum der Produktfälschungen

Karte T6 ■ Tilleke & Gibbins, Supalai Grand Tower, Rama III Road ■ +66 2 056 5548 ■ nach Vereinbarung

Zu den über 4000 Fälschungen zählen u. a. Kleidung und Medikamente.

10 King Power Mahanakhon

Karte P5 ■ Narathiwat Ratchanakharin Road ■ Aussichtsplattform: tägl. 10–22 Uhr; Eintritt

Das mit 313 Metern zweithöchste Gebäude Thailands hat ein spektakuläres Aussichtsdeck.

King Power Mahanakhon

Shoppingmalls

1 Siam Paragon

Karte P2 ■ Rama I Road, Siam Square ■ +66 2 610 8000 ■ tägl. 10–22 Uhr ■ www.siamparagon.co.th

Die beliebte Mall bietet auf sechs Etagen viele Boutiquen, Buchläden, Restaurants, Kinos und ein Fitnesscenter *(siehe S. 60)*.

2 Siam Center & Siam Discovery Center

Karte P2 ■ Rama I Road ■ +66 2 658 1000 ■ tägl. 10–22 Uhr

Designerläden, Trendshops und Restaurants kennzeichnen die zwei benachbarten Shoppingmalls. Hier sind Modelabels wie Greyhound, Soda und Theatre zu finden.

3 Narai Phand

Karte Q2 ■ President Tower, 973 Ploen Chit Road ■ +66 2 656 0398 ■ tägl. 10–20 Uhr

Der staatlich subventionierte Laden führt Kunsthandwerk aus Thailand, darunter schöne Holzschnitzereien, Lackkunst, Kleidung aus Seide und Silberwaren.

4 Peninsula Plaza

Karte Q3 ■ 153 Ratchadamri Road ■ +66 2 254 3320 ■ tägl. 10–20 Uhr

Designer-Outlets und Juweliere bilden einen Großteil der Läden in dieser Shoppingmall.

5 CentralWorld

Karte Q2 ■ 4/1–2 Ratchadamri Road ■ +66 2 640 7000 ■ tägl. 10–22 Uhr ■ www.centralworld.co.th

Der gewaltige Komplex birgt Modeboutiquen, Einrichtungsläden, Kinos und eine Bowlingbahn *(siehe S. 60)*.

6 Erawan Bangkok

Karte Q3 ■ 494 Ploen Chit Road ■ +66 2 250 7777 ■ tägl. 10–21 Uhr

In der luxuriösen Shoppingmall neben dem Erawan-Schrein finden sich Boutiquen bekannter Namen, schicke Cafés und ein Wellnesscenter.

Gaysorn Village

7 Gaysorn Village

Karte Q2 ■ Ploen Chit Road ■ +66 2 656 1149 ■ tägl. 10–20 Uhr

Neben internationalen Luxusmarken sind hier auch Produkte junger thailändischer Designer zu haben.

8 Mahboonkrong (MBK Center)

Karte P3 ■ Phaya Thai Road ■ +66 2 853 9000 ■ tägl. 10–22 Uhr ■ www.mbk-center.co.th

Im Mahboonkrong, einer Mischung aus Straßenmarkt und Shoppingcenter, gibt es auf sieben Etagen Mode, Schmuck, Kosmetik, Elektronik und Restaurants *(siehe S. 60)*.

9 EmQuartier

Karte T6 ■ 693 Sukhumvit Road ■ +66 2 269 1188 ■ tägl. 10–22 Uhr ■ www.emquartier.co.th

Die Mall bietet Boutiquen und eine entspannte Atmosphäre *(siehe S. 61)*.

10 Emporium

Karte T6 ■ 622 Sukhumvit Road ■ +66 2 269 1000 ■ tägl. 10–22 Uhr ■ www.emporium.co.th

Nobler als das EmQuartier ist der Nachbar mit Kaufhaus, Designerläden und Restaurants *(siehe S. 61)*.

Siehe Karte S. 84f ←

Fluss- & Kanaltouren

1 Chao Phraya Express

www.chaophrayaexpressboat.com

Die Expressboote auf dem Chao Phraya sind eine attraktive Option, sich in Bangkok fortzubewegen. Es werden vier verschiedene Strecken bedient.

2 Loy Nava Cruise

Karte M5 ■ Si Phraya Pier ■ +66 2 437 4932 ■ tägl. 18–20 & 20.10–22.10 Uhr ■ BBB

Nach dem Genuss traditioneller Thai-Küche – vegetarisch oder mit Seafood – kann man sich bei der Fahrt mit der Reisbarke auf dem Chao Phraya entspannen.

3 Ayutthaya Thousand Golden Temples Tour

www.loypelavoyages.com

Loy Pela Cruises bietet eine dreitägige Luxuskreuzfahrt auf dem Chao Phraya nach Ayutthaya an – ein kostspieliges, aber unvergessliches Erlebnis. Die Passagiere verbringen zwei Nächte an Bord der *Loy Dream*. Der wunderbar restaurierte Reiskahn aus Teakholz ist rund 100 Jahre alt.

Reiskahn aus Teakholz: *Loy Dream*

4 Kanaltouren

Eine Kanaltour kann man im Reisebüro buchen oder mit einem Kapitän aushandeln. Lohnende Ziele sind das Königliche Barkenmuseum *(siehe S. 96)* und das Künstlerhaus am Khlong Bang Luang *(siehe S. 62)*.

5 Kostenlose Hotelshuttles

Für Gäste, die z. B. im Anantara oder im Millennium Hilton etwas essen oder trinken möchten, legen westlich der Skytrain-Station Saphan Taksin immer wieder Gratisboote nach Thonburi zu den Hotels am westlichen Flussufer ab.

6 Langboote nach Ko Kret

An jedem Flusspier bieten Langbootkapitäne ihre Dienste als Ausflugsschiffer an. Für Gruppen ab vier Personen ist ein Tagesausflug nach Ko Kret *(siehe S. 95)* sehr zu empfehlen. Den zuvor ausgehandelten Preis entrichten Sie nach Ihrer Rückkehr zum Ausgangspunkt.

7 Manohra Dining Cruise

Karte S6 ■ Anantara Riverside Bangkok Pier ■ +66 2 476 0022 ■ tägl. 19.30–22 Uhr ■ www.manohracruises.com ■ BBB

Das Hotel Anantara Riverside Bangkok serviert bei seiner Dinnerfahrt leckere Currys und Pfannengerichte.

8 Grand Pearl Cruise

Karte M5 ■ River City Pier ■ +66 2 861 0255 ■ tägl. 19.30–21.30 Uhr ■ www.grandpearlcruise.com ■ BBB

Livemusik und ein überaus reichhaltiges Büfett sorgen auf den großen Schiffen mit Lounge-Bereichen für gute Laune.

9 Boote nach Bang Krajao

Bang Krajao ist eine reizvolle Oase mit frischer Luft und reichlich Grün *(siehe S. 97)*. Wassertaxis dorthin legen vom Pier hinter dem Wat Khlong Toei Nok ab. Alternativ kann man ein Langboot chartern.

10 Yok Yor Cruise

Karte L4 ■ Tha Din Daeng Soi 20, Thonburi ■ +66 2 863 0565 ■ tägl. 20–22 Uhr ■ www.yokyor.co.th ■ BB

Bei Preisbewussten ist Bangkoks Billig-Cruiser eine beliebte Option – trotz begrenzter Speisenauswahl.

Restaurants

Preiskategorien
Für ein Essen aus ein bis zwei Gängen mit einem alkoholfreien Getränk inkl. Service.

B unter 200 B **BB** 200–1000 B
BBB über 1000 B

1 Le Normandie

Karte M5 ■ 48 Oriental Avenue ■ Mo–Sa 12–14.30 & 19–22 Uhr ■ BBB

Spezialitäten des eleganten französischen Restaurants im Hotel Mandarin Oriental *(siehe S. 114)* sind z. B. Hummer aus der Bretagne und gebratene Entenleber *(siehe S. 58)*.

2 Ban Khun Mae

Karte P2 ■ 458/7–9 Siam Square Soi 8 ■ +66 2 250 1952 ■ tägl. 11–23 Uhr ■ BB

Die große Auswahl an klassischen Thai-Gerichten ist sowohl mittags als auch abends zu empfehlen.

3 Rang Mahal

Karte T6 ■ 19 Sukhumvit Soi 18 ■ +66 2 261 7050 ■ tägl. 17–24 Uhr (So auch 11–14.30 Uhr) ■ BB

Das wohl beste indische Restaurant in Bangkok serviert im 26. Stock des Rembrandt Hotel *(siehe S. 116)* zur tollen Aussicht edle, unverfälschte Gerichte aus Nordindien *(siehe S. 59)*.

4 Liu

Karte R3 ■ 87 Wireless Road ■ tägl. 11.30–14.30 & 18–22.30 Uhr ■ BB

Das Gourmetrestaurant im Hotel Conrad Bangkok *(siehe S. 114)* gibt Klassikern aus Südchina, Shanghai und Sichuan eine moderne Note *(siehe S. 59)*.

5 Lenzi Tuscan Kitchen

Karte Q3 ■ Ruam Rudee Soi 2 ■ +66 2 001 0116 ■ tägl. 11.45–14 & 18–22.45 Uhr ■ BB

Der toskanische Küchenchef, der schon einige Restaurants bekannt machte, bezieht viele Zutaten für die Gerichte seiner Heimat vom familieneigenen Hof bei Pisa *(siehe S. 58)*.

6 Breeze

Karte M6 ■ 52. Etage, State Tower, 1055 Silom Road ■ +66 2 624 9555 ■ tägl. 18–23 Uhr ■ BBB

Die asiatischen Gerichte sind teuer, aber lecker. Der Ausblick ist grandios.

Dinner mit Aussicht im Breeze

7 Eat Me

Karte P5 ■ Soi Pipat 2, Convent Road ■ +66 2 238 0931 ■ tägl. 15–1 Uhr ■ BB

Das Lokal bietet kreative internationale Fusionsküche *(siehe S. 59)*.

8 Gaggan

Karte Q3 ■ 68/1 Soi Langsuan (gegenüber Soi 3) ■ +66 2 652 1700 ■ Mo–Sa 17.30 & 21.30 Uhr ■ BBB

Das Essen überrascht auch ausgewiesene Indienkenner *(siehe S. 59)*.

9 Goji Kitchen + Bar

Karte T6 ■ 199 Soi Sukhumvit 22 ■ +66 2 059 5999 ■ tägl. 11–22 Uhr ■ BBB

Goji ist ein renommiertes panasiatisches Restaurant im Hotel Marriott Marquis Queen's Park. Die Plätze sind um eine offene Küche herum angeordnet.

10 Issaya Siamese Club

Karte R6 ■ 4 Soi Sri Aksorn, Chua Ploeng Road ■ +66 2 672 9040 ■ tägl. 11.30–15 & 18–22.30 Uhr ■ BB

Das Restaurant in einer Villa mit schönem Garten steht für exzellente Thai-Küche *(siehe S. 58)*.

Siehe Karte S. 84f

Bars & Pubs

1 Diplomat Bar

Karte R3 ■ Conrad Bangkok, 87 Wireless Road ■ +66 2 690 9244 ■ tägl. 7–1 Uhr (Fr & Sa bis 2 Uhr)

In dieser superschicken Hotelbar lauschen die Reichen und Schönen bei Cocktails dem Jazz der hauseigenen Band.

2 The Zuk Bar

Karte Q5 ■ The Sukhothai, 13/3 South Sathorn Road ■ +66 2 344 8888 ■ Mo–Sa 17–1 Uhr, So 17–24 Uhr ■ www.sukhothai.com

In der von Lotosteichen und viel Grün umgebenen Hotelbar lässt es sich nach einem heißen Tag in Bangkok bei einem kühlen Drink wunderbar entspannen. Zu essen gibt es spanische Tapas.

3 Moon Bar

Karte Q6 ■ Banyan Tree, South Sathorn Road ■ +66 2 679 1200 ■ tägl. 17–1 Uhr

In der beliebten Hotelbar hoch über der Stadt können Sie zum traumhaften Blick auf Bangkok auch hervorragende Cocktails in großer Auswahl genießen.

Blick auf Bangkok aus der Moon Bar

4 Bar@494

Karte Q3 ■ Grand Hyatt Erawan, 494 Ratchadamri Road ■ +66 2 254 6250 ■ tägl. 15–24 Uhr

Die kleine Hotelbar serviert exzellente Weine und Tapas zu vernünftigen Preisen.

5 Oskar Bistro

Karte T6 ■ 24 Sukhumvit Soi 11 ■ +66 97 289 4410 ■ tägl. 16–2 Uhr ■ www.oskar-bistro.com

Hier können Sie mit einem guten Craftbeer oder Cocktail den Abend beginnen oder ausklingen lassen.

6 Sky Bar

Karte M6 ■ 1055 Silom Road ■ +66 2 624 9555 ■ tägl. 18–1 Uhr

Die Cocktails sind nicht billig, doch der Ausblick aus dem 63. Stock des State Tower ist grandios *(siehe S. 56)*.

7 Namsaah Bottling Trust

Karte P5 ■ Silom Soi 7 ■ +66 2 636 6622 ■ tägl. 17–1 Uhr

Diese Retro-Kitsch-Gastrobar in einer knallpinken, 100 Jahre alten Villa serviert kreative Cocktails und großartige Fusionsküche.

8 Small's

Karte Q6 ■ 186/3 Suan Phlu Soi 1 ■ +66 95 585 1398 ■ Mi–Mo 17–23 Uhr

Whiskeyliebhaber finden hier die wohl beste Auswahl der Stadt vor. Zu Jazzklängen kann man auch eine Kleinigkeit essen.

9 Viva & Aviv The River

Karte M5 ■ EG River City ■ Di–So 12–21 Uhr ■ www.vivaaviv.com

Wunderbare Cocktails, gutes Essen und eine schöne Terrasse am Fluss sind die Reize dieser Bar.

10 Hyde & Seek

Karte R3 ■ Athenée Residence, 65/1 Soi Ruam Rudee ■ tägl. 11–1 Uhr ■ www.hydeandseek.com

Die flotte, stilvolle Gastrobar bietet Tische im Garten und jeden Abend DJ-Sound *(siehe S. 57)*.

Clubs & Livemusik

Allseits beliebt: das Hard Rock Café

1 Hard Rock Café

Karte P3 ■ 424/3–6 Soi 11, Siam Square ■ +66 2 658 4090 ■ tägl. 11–24 Uhr

Das weltweit beliebte Lokal zieht auch in Bangkok viele Gäste an.

2 Bamboo Bar

Karte M5 ■ Oriental Hotel, 48 Oriental Avenue ■ +66 2 659 9000 ■ tägl. 17–24 Uhr (Fr & Sa bis 1 Uhr)

In der Hotelbar sorgen erstklassige Musiker in entspannter Atmosphäre für sanfte Jazzklänge *(siehe S. 56)*.

3 WOOBAR®

Karte P6 ■ Hotel W Bangkok, 106 North Sathorn Road ■ +66 2 344 4131 ■ tägl. 9–24 Uhr

Das Musikspektrum der schönen und stilvollen Hotelbar reicht von Techno bis Funky House.

4 Mixx Discotheque

Karte Q2 ■ President Tower Arcade, 973 Ploen Chit Road ■ +66 2 656 0383 ■ tägl. 22–2 Uhr ■ Eintritt

Der Club begeistert mit Hip-Hop, R & B und House aus seinem hervorragenden Soundsystem.

5 Levels

Karte T6 ■ Aloft Bangkok, 35 Sukhumvit Soi 11 ■ +66 82 308 3246 ■ tägl. 21–3 Uhr

Der angesagte Club bietet drei Partyzonen für verschiedene Musikstile sowie eine Chill-out-Loungebar *(siehe S. 57)*.

6 The Club@Koi

Karte N6 ■ Sathorn Square Complex, 98 North Sathorn Road ■ +66 2 108 2005 ■ Di–Sa 18–2 Uhr ■ Eintritt an Wochenenden

Im schicksten Club der Innenstadt – ganz oben in einem Wolkenkratzer – wechseln die Musikstile *(siehe S. 56)*.

7 DJ Station

Karte P5 ■ Silom Soi 2 ■ +66 2 266 4029 ■ tägl. 21.30–2 Uhr ■ Eintritt

Unter den vielen LGBTQ+ Clubs der Silom Sois *(siehe S. 57)* zählt dieser zu den beliebtesten.

8 Maggie Choo's

Karte M5 ■ Novotel Bangkok Fenix Silom, 320 Silom Road ■ +66 91 772 2144 ■ tägl. 18–3 Uhr

Die fantasievoll im Geist der 1930er Jahre gestylte Bar bietet Livejazz und gutes Essen *(siehe S. 56)*.

Jazzband im Maggie Choo's

9 Saxophone

Karte T6 ■ 3/8 Phaya Thai Road ■ +66 2 245 3592 ■ tägl. 18–2 Uhr

Der Liveclub steht für großartige Gigs von Jazz-, Blues- und Reggaebands sowie für gute Thai-Gerichte – und das seit 30 Jahren *(siehe S. 56)*.

10 Sky Train Jazz Bar

Karte T6 ■ Rangnam Alley, Thanon Phaya Thai ■ +66 89 895 4299 ■ tägl. 15–23 Uhr

Die quirlige Dachbar serviert preiswerte Cocktails mit Blick auf das Siegesdenkmal.

Siehe Karte S. 84f

TOP 10 Großraum Bangkok

Rund um Bangkok liegen vor allem Wohngebiete, es gibt aber auch Sehenswürdigkeiten wie den Chatuchak-Wochenendmarkt und die alte Hauptstadt Thonburi mit Wat Arun und Königlichem Barkenmuseum. Nördlich der Altstadt locken Kirchen, Tempel und ein Blumenmarkt, im Osten liegen der Rama IX Royal Park und das Kamthieng-Haus. Eine Bootsfahrt führt ins ländliche Thailand nach Nonthaburi und Ko Kret.

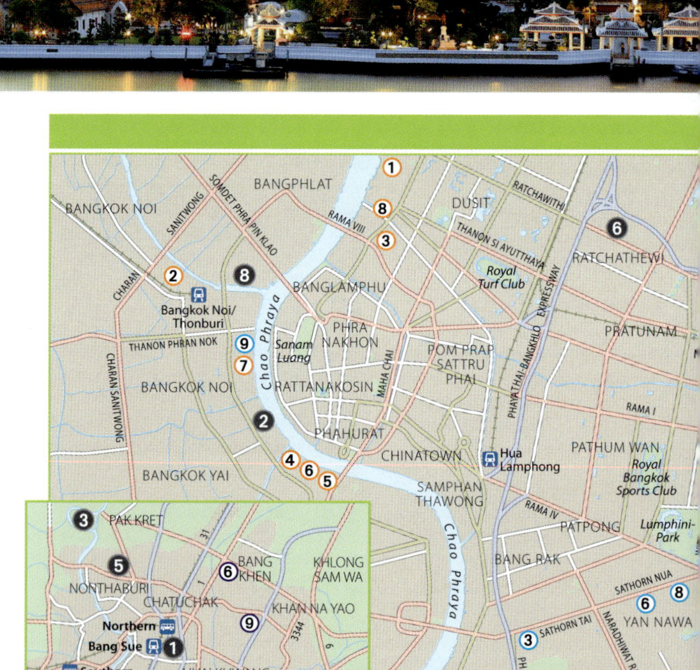

Wat Arun, Tempel am Fluss

1 Chatuchak-Wochenendmarkt

Auf dem riesigen Marktgelände drängen sich rund 15 000 Stände mit allem nur Erdenklichen von Pflanzen bis zu Antiquitäten und Bildern. An einem Tag ist der womöglich größte Freiluftmarkt der Welt unmöglich komplett zu erkunden. Besorgen Sie sich am Eingang eine Übersichtskarte, damit Sie gezielt stöbern können *(siehe S. 26f)*.

2 Wat Arun

Der Tempel in Thonburi am Westufer des Chao Phraya ist eines der bekanntesten Wahrzeichen von Bangkok. Fotos zeigen ihn meist in der Abenddämmerung, wenn die Sonne hinter den fünf signifikanten *prang* (Türmen) versinkt. Diese sind mit Tausenden Porzellanscherben verkleidet, die – näher betrachtet – abstrakte Muster bilden. Im *bot* (Zeremoniensaal) sind die Fresken und die Buddha-Figur, für die König Rama II. Modell gestanden haben soll, sehenswert *(siehe S. 30f)*.

1 TOP10-Attraktionen *siehe S. 95–97*
1 Restaurants *siehe S. 99*
1 Dies & Das *siehe S. 98*
1 Bars & Pubs *siehe S. 100*
1 Clubs & Unterhaltung *siehe S. 101*

N DAENG
RAT EXPRESSWAY
KHLONG TAN NUEA
WATTHANA
SUKHUMVIT ROAD
RATCHADAPHISEK RD
Eastern
RAMA IV
PHRA KHANONG
CHALERM MAHANAKHON EXPRESSWAY
Chao Phraya
0 km 1,5

3 Ko Kret

Karte S4 ■ 7 km nördl. von Nonthaburi

Ein Ausflug nach Nonthaburi *(siehe S. 96)* lässt sich hervorragend mit einem Besuch von Ko Kret verbinden, einem stillen Eiland in einer Biegung des Chao Phraya. Mieten Sie in Nonthaburi ein Langboot nach Ko Kret. Die Insel wird vom Volk der Mon – auch als Talaing bekannt – bewohnt, das kunstvolle Terrakottatöpfe herstellt und verkauft. Da es hier keine Autos gibt, hören Besucher meist nur das Vogelgezwitscher, wenn sie durch die Mango-, Papaya- und Durianplantagen spazieren oder den Töpfern bei der Arbeit zusehen.

Tempel auf der Insel Ko Kret

4 Soi Thonglor

Karte T6

Junge berufstätige Thai und hier lebende Ausländer lieben das auch Sukhumvit Soi 55 genannte Areal im Osten Bangkoks. Restaurants, Bars, Boutiquen – hier steht weniger die Kultur als der Spaß im Fokus. Fahren Sie mit dem Skytrain bis zur Station Thonglor, dann können Sie die Straße auf einer Seite ca. 1,5 Kilometer hinauf- und auf der anderen Seite wieder hinunterspazieren.

Obst- und Gemüsehändler auf dem Markt in Nonthaburi

5 Nonthaburi

Karte S4 ■ Provinz Nonthaburi

Expressboote fahren vom Stadtzentrum flussaufwärts nach Nonthaburi. Dort steht der Wat Chalerm Phra Kiet, dessen Bau auf König Rama III. (1824–51) zurückgeht. Der Tempel besitzt kunstvolle Porzellanfliesen an Türen und Fensterrahmen des *bot* (Ordinationshalle). Die Region um Nonthaburi ist bekannt für Durians von besonderer Qualität.

Kegelförmger Turm am Phayathai-Palast

6 Phayathai-Palast

Karte H1 ■ Ratchawithi Road ■ +66 2 354 7987 ■ Führungen: Sa & So 9.30 & 13.30 Uhr

Der Palast entstand im Jahr 1909 als königliche Sommerresidenz. Nach dem Staatsstreich von 1932 *(siehe S. 38)* richtete das Militär das noch heute betriebene Phramongkutklao-Krankenhaus ein. Glanzlicht des Phayathai-Palasts ist die Thewaratsaparom-Thronhalle mit kunstvoll geschnitzten Säulen, Balkonen und Bogengängen.

7 Kamthieng-Haus

Karte T6 ■ 131 Sukhumvit Soi 21 ■ +66 2 661 6470 ■ Di–Sa 9–17 Uhr ■ www.thesiamsociety.org

Dieses Lanna-Haus wurde Mitte des 19. Jahrhunderts als Heim der Familie Nimmanheimin in Chiang Mai gebaut. 1962 stiftete man es der Siam Society, die es abbauen und an jetziger Stelle wiedererrichten ließ. Ein ethnologisches Museum präsentiert hier landwirtschaftliche Gerätschaften, eine bäuerliche Küche, eine Kornkammer und eine Multimediaausstellung über den Geisterglauben der Thai.

8 Königliches Barkenmuseum

Karte A2 ■ Khlong Bangkok Noi ■ +66 2 424 0004 ■ tägl. 9–17 Uhr ■ Eintritt

Die kunstvoll verzierten Barken zeugen vom Prunk der Thai-Monarchie. Die langen schlanken Boote werden ausschließlich bei besonderen Zeremonien genutzt und dann von Ruderern in leuchtenden Gewändern gesteuert. Das Schmuckstück der Sammlung ist die *Suphannahongse*, die dem König und der Königin vorbehalten ist. Sie ist aus einem einzigen Teakholzstamm geschnitzt, ein goldener Schwan ziert den Bug.

9 Bang Krajao

Karte T6 ■ Metro bis Khlong Toei, dann Taxi zum Pier hinter dem Wat Khlong Toei Nok

Die Oase mit traditionellen Dörfern, Mangrovenwäldern und Obstgärten am Westufer des Chao Phraya lässt sich gut mit dem Fahrrad erkunden. Leihräder sind am Pier erhältlich. Im nahen Sri-Nakhon-Kuen-Khan-Park gibt es riesige Bäume, Landschaftsgärten und Pavillons an einem See.

Durian

Die Durian ist eine höchst ungewöhnliche Frucht, die man entweder liebt oder hasst. Liebhaber bezeichnen den Geschmack als himmlisch – im harten Kontrast hierzu steht allerdings der fast unerträgliche Geruch. Unter der stacheligen Schale verbirgt sich weiches, cremiges Fruchtfleisch. Die Samenkerne der Durian können geröstet und dann ebenfalls verzehrt werden.

10 Rama IX Royal Park

Karte U6 ■ Sukhumvit Soi 103 ■ tägl. 5–19 Uhr ■ Eintritt

An diesem Ort finden Sie die nötige Ruhe, wenn Sie der ewigen Hektik Bangkoks entfliehen möchten. Der weitläufige Park liegt zwar ein gutes Stück außerhalb, doch die Fahrt lohnt sich. Er wurde 1987 anlässlich des 60. Geburtstags von Rama IX. eröffnet. Auf dem Areal befinden sich ein Museum über das Leben und die Errungenschaften des Monarchen, ein großer See zum Tretbootfahren und wunderschön gestaltete Gartenanlagen, in denen Tafeln auf besondere Pflanzen hinweisen.

Rama IX Royal Park

Spaziergang

Vormittags

Um den **Chatuchak-Wochenendmarkt** zu besuchen, sollten Sie vor 8 Uhr zur **Skytrain-Station Mo Chit** fahren. Besorgen Sie sich am Eingang an der Phahonyothin Road einen Übersichtsplan und gehen Sie am besten zuerst zum Uhrturm, um sich zu orientieren. Besuchen Sie Sektion 8 (Kunsthandwerk) und schlendern Sie durch die Sektionen 11 bis 13 (handgefertigte Keramik), bevor Sie sich in den Sektionen 10 bis 21 vielleicht neu einkleiden. An vielen Imbissbuden können Sie Ihren Hunger oder Durst stillen.

Nachmittags

Kehren Sie mittags zur Station Mo Chit zurück und nehmen Sie den Skytrain nach **Saphan Taksin**. Von dort fahren Expressboote den Fluss hinauf nach **Tha Tien**. Eine davon bringt Sie zum **Wat Arun**, wo Sie die verzierten Türme bewundern, den zentralen *prang* erklimmen und sich am Panorama erfreuen können. Rasten Sie in einem kühlen Pavillon am Flussufer, ehe Sie das Boot zurück nach Tha Tien nehmen. Nach einer Erfrischung im **Supanniga Eating Room** *(siehe S. 75)* um die Ecke geht es mit dem Expressboot zum Phra Pin Klao Pier. Von dort sind es zu Fuß etwa zehn Minuten bis zum **Königlichen Barkenmuseum**: Folgen Sie der Straße und biegen Sie links in die Soi Wat Dusitaram. Nachdem Sie die kunstvoll verzierten Boote ausgiebig bewundert haben, geht es zurück in die Stadt.

Siehe Karte S. 94f

Dies & Das

1 Christliche Kirchen

Karte S5 ■ südl. der Ratchawithi Road

In Dusit stehen nahe beim Fluss drei christliche Kirchen: die Franz-Xaver-Kirche der vietnamesischen Gemeinde, die von französischen Missionaren gegründete Kirche der Unbefleckten Empfängnis und ein kleines kambodschanisches Gotteshaus.

Wandbild im Wat Suwannaram

2 Wat Suwannaram

Karte S5 ■ 33 Charan Sanit Wong Soi 32 ■ +66 2 433 8045 ■ tägl. 8–17 Uhr

Wunderbare Wandmalereien stellen die *Jataka*-Erzählungen – lehrreiche Geschichten aus dem Leben Buddhas – dar.

3 Wat Indrawihan

Karte D1 ■ 144 Wisut Kasat Road ■ +66 2 281 1406 ■ tägl. 6–18 Uhr

Der Tempel liegt etwas versteckt in den Nebenstraßen von Dusit, doch das Glanzstück im Inneren, ein 32 Meter hoher stehender Buddha, lohnt die Suche.

4 Wat Kalayanamit

Karte B6 ■ Arun Amarin Soi 6 ■ tägl. 8–17 Uhr

Der Tempel beherbergt die größte Bronzeglocke Thailands und einen 15 Meter hohen sitzenden Buddha.

5 Wat Prayun

Karte C6 ■ Pratchatipok Road ■ tägl. 8–18 Uhr

Der Tempel ist für den mit Schreinen und *chedis* (Stupas) übersäten Friedhofshügel bekannt. Im nahen Teich lassen Gläubige Schildkröten frei.

6 Kirche von Santa Cruz

Karte C6 ■ Soi Kudi Chin ■ Mo–Sa 5–20 Uhr, So 9–20 Uhr

Portugiesen errichteten an dieser Stelle bereits 1770 eine Kirche. Der heutige pastellfarbene Bau mit der achteckigen Kuppel entstand 1913.

7 Wat Rakhang

Karte A4 ■ Soi Wat Rakhang

Hinter dem *bot* des ruhigen Tempels birgt eine kleine Skriptenbibliothek Wandmalereien aus der Zeit, als Rama I. hier als Mönch lebte.

8 Thewet-Blumenmarkt

Karte D1 ■ Krung Kasem Road ■ tägl. 9–18 Uhr

Der Ufermarkt lohnt einen Besuch – wegen der duftenden Blütenpracht und der freundlichen Verkäufer.

9 Prasart-Museum

Karte U6 ■ 9 Krungthep Kreetha Soi 4A ■ +66 2 379 3601 ■ Di–So 9.30–14 Uhr (nach Anmeldung) ■ Eintritt

Das von einem schönen Garten umgebene Museum zeigt Kunst in Nachbauten bekannter Gebäude.

10 Bangkok Dolls Museum

Karte T5 ■ 85 Soi Mo Leng, Ratchaprarop Road ■ +66 2 245 3008 ■ Di–Sa 9–16 Uhr ■ www.bangkokdolls.com

Die herrlich ausstaffierten Puppen stammen aus aller Welt und aus verschiedenen Epochen *(siehe S. 51)*.

Restaurants

Preiskategorien
Für ein Essen aus ein bis zwei Gängen mit einem alkoholfreien Getränk inkl. Service.

B unter 200 B **BB** 200–1000 B
BBB über 1000 B

1 Madam Saranair

Karte T6 ■ 139/1 Sukhumvit Soi 21 ■ +66 2 61 7984 ■ Mo–Fr 8–22 Uhr, Sa & So 11–20 Uhr ■ BB

Genießen Sie traditionelle thailändische Küche in freundlichem, ungezwungenem Ambiente. Sehr beliebt ist die Suppe *tom yam kung*.

2 Le Dalat

Karte T6 ■ 57 Sukhumvit Soi 23 (Prasanmitr) ■ +66 2 259 9593 ■ tägl. 11.30–14.30 & 17.30–22 Uhr ■ BB

Bangkoks führendes vietnamesisches Restaurant serviert in schönem Ambiente eine Reihe exquisit zubereiteter Traditionsgerichte.

3 Blue Elephant

Karte N6 ■ 233 South Sathorn Road ■ +66 2 673 9353-8 ■ tägl. 11.30–22 Uhr ■ www.blueelephant.com ■ BBB

In einem jahrhundertealten Gebäude wird »Royal Thai Cuisine« serviert *(siehe S. 58)*.

4 Rendez-Vous au Lys

Karte T6 ■ 148/11 Nang Linchi Soi 6 ■ +66 2 077 5453 ■ Do–Di 11–14.30 & 17.30–23 Uhr ■ BB

Das Gartenrestaurant bietet französische Küche und erfreut mit preiswerten Mittagsmenüs.

Thai-Gericht im Celadon

5 Cabbages & Condoms

Karte T6 ■ 10 Sukhumvit Soi 12 ■ +66 2 229 4610 ■ tägl. 11–22.30 Uhr ■ BB

Die Einnahmen des Lokals, das Thai-Gerichte zu guten Preisen serviert, fließen in die Aids-Prävention.

6 Baan Khanitha

Karte T6 ■ 69 South Sathorn Road ■ +66 2 675 4200 ■ tägl. 11–23 Uhr ■ BB

Das klassische Thai-Restaurant zählt zu den ältesten gehobenen Lokalen in Bangkok.

Im eleganten Baan Khanitha

7 Indus

Karte T6 ■ 71 Sukhumvit Soi 26 ■ Mo–Do 11–15 & 17–23 Uhr, Fr–So 11–23 Uhr ■ www.indusbangkok.com ■ BB

Das Lokal serviert gute Gerichte aus Indien – auch Vegetarisches.

8 Celadon

Karte Q5 ■ The Sukhothai, 13/3 South Sathorn Road ■ +66 2 344 8888 ■ tägl. 12–14 & 18–22 Uhr ■ BBB

Das Restaurant serviert preisgekrönte thailändische Küche.

9 Supatra River House

Karte A4 ■ 266 Soi Wat Rakhang ■ +66 2 411 0305 ■ tägl. 11.30–14.30 & 17.30–22 Uhr ■ BB

Genießen Sie exzellentes Seafood mit Blick auf den Fluss.

10 Basil

Karte T6 ■ Sheraton Grande Sukhumvit, 250 Sukhumvit Road ■ +66 2 649 8366 ■ So–Fr 12–14.30 & 18–22.30 Uhr, Sa 18–22.30 Uhr ■ BB

In stilvoller Umgebung werden köstliche Kreationen der Thai-Küche kredenzt.

Siehe Karte S. 94f

Bars & Pubs

1 Mikkeller Bangkok

Karte T6 ■ 26 Yaek 2, Soi 10, Soi Ekkamai, Sukhumvit Road ■ +66 2 381 9891 ■ tägl. 17–24 Uhr

Die Filiale einer dänischen Mikrobrauerei schenkt Craftbeer vom Fass aus – 30 Sorten aus aller Welt.

2 Iron Balls

Karte T6 ■ Park Lane Ekkamai, Sukhumvit Soi 63 ■ +66 2 714 2269 ■ tägl. 14–24 Uhr

Ein schmiedeeiserner Pavillon birgt die schöne Bar, wo Cocktails mit Gin und Wodka aus der eigenen Mikrodestillerie gemixt werden und man in Ledersesseln entspannen kann.

Octave Rooftop Lounge & Bar

3 Octave Rooftop Lounge & Bar

Karte T6 ■ Marriott Sukhumvit, 45. Etage, Sukhumvit Soi 57 ■ +66 2 797 0000 ■ tägl. 17–2 Uhr

Eine der besten Dachbars in Bangkok ist der perfekte Ort für einen Drink mit Rundumblick, bevor es zum Abendessen oder in einen der Clubs von Soi Thonglor geht.

4 Rendezvous

Karte T6 ■ 138 Sukhumvit Road ■ +66 2 254 0404 ■ tägl. 8–22 Uhr

Eine Marmorbar ist das Herzstück des stylishen Lokals im Landmark Hotel – eine stilvolle Alternative an der pulsierenden Sukhumvit Road.

5 Zanzibar

Karte T6 ■ 139 Sukhumvit Soi 11 ■ +66 2 651 2900 ■ tägl. 9–2 Uhr

Mit dem Eröffnungstag begann die Erfolgsgeschichte des italienischen Restaurants mit Bar und herrlichem Gartenambiente. Jeden Abend spielt eine Jazzband.

6 Tensui

Karte T6 ■ 33 Sukhumvit Soi 16 ■ +66 2 663 2281 ■ tägl. 11.30–14 & 17.30–22 Uhr

Das elegante Restaurant serviert edlen Sake und exquisit zubereitete traditionelle japanische Küche.

7 Tuba

Karte T6 ■ 30 Soi 21, Sukhumvit Soi 63 ■ +66 2 711 5500 ■ tägl. 9–24 Uhr

Tagsüber kann man in dem Ladenlokal gebrauchte Möbel kaufen und gemütlich essen, abends wird zu 1970er-Jahre-Musik Billard gespielt.

8 Black Swan

Karte T6 ■ Sukhumvit Soi 19 ■ +66 2 253 5141 ■ tägl. 8–1 Uhr

Das Pub im britischen Stil bietet eine große Auswahl importierter Biere und großzügige Portionen klassischer Kneipenkost.

9 Brewsky

Karte T6 ■ Radisson Blu Plaza, 489 Sukhumvit Road ■ +66 2 302 3333 ■ Di–So 17–1 Uhr

Die Dachbar bietet zum Panorama 18 Sorten Craftbeer und Cider vom Fass sowie 100 weitere Sorten in Flaschen.

10 WTF

Karte T6 ■ 7 Soi 51, Sukhumvit Road ■ +66 2 662 6246 ■ Di–So 17–1 Uhr

Der coolen Bar, die zugleich Kunstgalerie ist, merkt man deutlich die spanischen Einflüsse an. Die Tapas, Cocktails und Weine sind sehr zu empfehlen.

Clubs & Unterhaltung

Tanzshow im Calypso Cabaret

1 Calypso Cabaret

Karte S6 ■ Asiatique The Riverfront, 2194 Charoen Krung Road ■ +66 2 688 1415 ■ Show: tägl. 19.30 & 21 Uhr ■ Eintritt ■ www.calypsocabaret.com

Thailands bekanntestes Cabaret ist ein Spektakel aus Pailletten, Gesang und Tanz *(siehe S. 55)*.

2 Glow

Karte T6 ■ 96/4–5 Sukhumvit Soi 23 ■ Mi–So 21.30–3 Uhr

Internationale DJs sorgen hier mit House und Techno für Stimmung.

3 Bluebird Jazz Bar

Karte T6 ■ 355/3 Thong Lo Road ■ +66 89 777 9248 ■ Mi–So 17–23 Uhr

In dieser gemütlichen Jazzbar, in der es an fünf Abenden in der Woche Livemusik gibt, fühlt man sich wie im Wohnzimmer der Künstler.

4 Studio Lam

Karte T6 ■ Soi 51, Sukhumvit Road ■ +66 2 261 6661 ■ Di–So 18–2 Uhr

In der freundlichen Bar legen DJs jeden Abend traditionelle Musik aus Thailand auf *(siehe S. 57)*.

5 Tawandang German Brewery

Karte T6 ■ 462/61 Narathiwat Ratchanakharin ■ +66 2 678 1114 ■ tägl. 17–1 Uhr

Big Bands spielen *Mo-Lam*-Musik aus Nordostthailand. Dazu gibt es hausgebrautes Bier *(siehe S. 54)*.

6 Lumpinee Boxing Stadium

Karte T4 ■ 6 Ram Intra Road ■ +66 62 639 5596 ■ Kämpfe: Di & Fr 19 Uhr, Sa 16 & 20 Uhr ■ Eintritt

Dies ist die zweite große Boxarena für *Muay-Thai*-Kämpfe in Bangkok *(siehe S. 55)*.

7 Hair of the Dog

Karte T6 ■ 27 Sukhumvit Road ■ tägl. 11–24 Uhr ■ www.hairofthedogbkk.com

Große Bierauswahl, in Flaschen und vom Fass, aus einigen der besten Craftbeer-Brauereien Bangkoks.

8 Living Room

Karte T6 ■ Sheraton Grande Sukhumvit, 250 Sukhumvit Road ■ +66 2 649 8888 ■ tägl. 9–24 Uhr

In eleganter Atmosphäre lauscht man jeden Abend und beim sonntäglichen Lunch erstklassigem Livejazz.

9 Fat Gutz Saloon

Karte U5 ■ Central Eastville, Chalong Rat Expressway ■ +66 63 901 1115 ■ tägl. 10.30–1 Uhr

Mit Liveblues und guten Fish and Chips lockt der Club seine schicke und gehobene Gästeschar an.

10 Muangthai Rachadalai Theatre

Karte T5 ■ 99 Ratchadaphisek Road ■ Eintritt ■ www.rachadalai.com

Hier finden Gastspiele sowie thailändische Musik- und Tanzshows statt.

Siehe Karte S. 94f

TOP 10 Umgebung von Bangkok

Auch außerhalb von Bangkok gibt es Sehenswürdigkeiten, die einen Besuch lohnen – vor allem, wenn man dem Trubel der Stadt entkommen möchte. Reiseveranstalter bieten Ausflüge an, etwa zum schwimmenden Markt von Damnoen Saduak oder nach Muang Boran. Hobbyhistoriker können die Ruinen der alten Hauptstadt Ayutthaya besuchen oder nach Kanchanaburi fahren, wo die Brücke über den Kwai und Alliierten-Soldatenfriedhöfe an den Zweiten Weltkrieg erinnern. Wer die Seele baumeln lassen möchte, sollte die herrlichen Sandstrände von Pattaya oder Ko Samet aufsuchen.

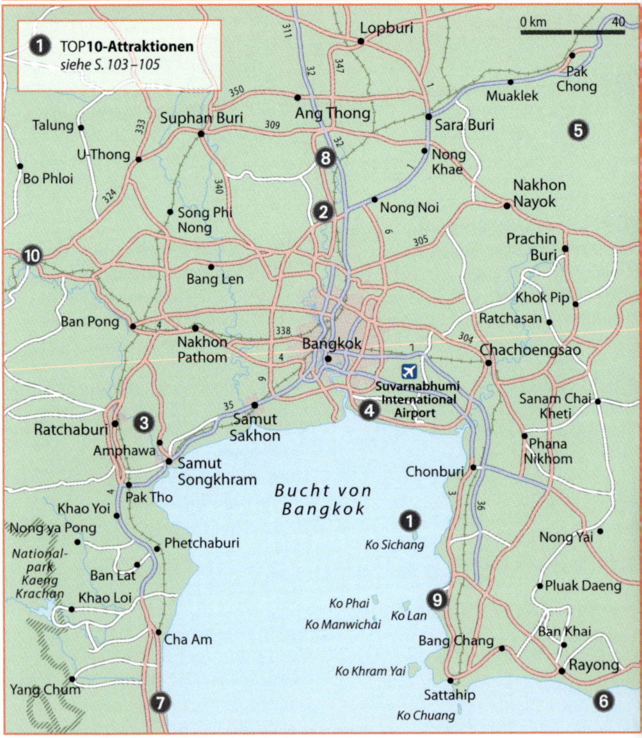

Affe im Nationalpark Khao Yai

1 Ko Sichang

Karte U3 ■ 100 km südöstl. von Bangkok

Nur selten »verirren« sich Ausländer auf die kleine felsige Insel acht Kilometer vor der östlichen Golfküste. Hier gibt es alles, was man sich von einem solchen Eiland verspricht: einsame Strände, kristallklares Wasser, eine interessante Hügellandschaft, Reste eines Palasts von Rama V. und ein paar anständige Unterkünfte. Tham Phang ist der beliebteste Strand der Insel.

2 Bang Pa-In

Wer nach Ayutthaya reist, sollte unbedingt auch dem nahe gelegenen Königssitz Bang Pa-In einen Besuch abstatten. Der Palast wurde Mitte des 17. Jahrhunderts von König Prasat Thong (1629–56) erbaut und später von Rama IV. und Rama V. *(siehe S. 38)* erweitert. Ein besonders schönes Beispiel für Thai-Architektur ist der Pavillon Aisawan Thipphaya-at, beim Phra Thinang Warophat Phiman sind dagegen europäische Einflüsse sichtbar. Gepflegte Rasenflächen und ruhige Seen sorgen für eine friedvolle Stimmung *(siehe S. 34)*.

3 Schwimmender Markt von Damnoen Saduak

Das schönste Beispiel für schwimmende Märkte, wie sie in Thailand Tradition haben, wurde zwar allein als Besucherattraktion angelegt, vermittelt aber dennoch einen guten Eindruck davon, wie das Leben an den Kanälen einst aussah. Reisen Sie sehr früh oder besser schon am Vortag an, um den Reisegruppen zu entgehen, die sich hier ab 10 Uhr tummeln. Dann erleben Sie Einheimische in traditioneller Tracht, die von ihren *sampans* (flachen Booten) aus Gemüse, Obst, Getränke und schmackhafte, frisch zubereitete Nudelgerichte verkaufen *(siehe S. 24f)*.

Markt von Damnoen Saduak

4 Muang Boran (Ancient City)

Karte T2 ■ 33 km südöstl. von Bangkok an der Sukhumvit Road, Bangpoo ■ +66 2 026 8800 ■ tägl. 9–18 Uhr ■ Eintritt ■ www.muangboranmuseum.com

»Ancient City« ist ein riesiges Areal mit den Umrissen Thailands, in dem berühmte Tempel und Denkmäler in kleinerem Maßstab nachgebaut wurden. Dank der Unterstützung führender Kunsthistoriker geriet Muang Boran nicht etwa zu einem kitschigen Minithailand, sondern zu einem sehenswerten Freilichtmuseum. Man kann den Themenpark mit dem Auto, der Bahn oder dem Fahrrad erkunden.

Pavillon am See in Muang Boran (Ancient City)

5 Khao Yai

Karte U1 ■ 170 km nordöstl. von Bangkok

Thailands erster Nationalpark ist bergig und bewaldet und die Heimat von Elefanten, Tigern, Gibbons und über 300 Vogelarten. Es gibt Wasserfälle und Fledermaushöhlen sowie Badeorte und Golfplätze in den Hügeln jenseits der Parkgrenzen. Angeboten werden Wanderungen und Touren mit dem Mountainbike. Camping ist ebenfalls möglich. Die ganze Schönheit der Natur offenbart sich nur dem, der über Nacht bleibt.

6 Ko Samet

Karte U3 ■ 200 km südöstl. von Bangkok

Ko Samets Strände sind von Bangkok aus gut erreichbar. Die Insel ist Teil eines Nationalparks, das Meer sauber, der Sand fein. Leider sind die Zimmerpreise explodiert. An Wochenenden und Feiertagen ist die Insel überlaufen, werktags kann man die malerische Umgebung mitunter noch entspannt genießen.

Kristallklares Meer vor Ko Samet

7 Hua Hin

Karte S3 ■ 190 km südwestl. von Bangkok

Thailands ältestes Strandbad ist durch den königlichen Sommerpalast von 1926 bekannt. Der fünf Kilometer lange Strand bietet nur wenig Schatten und sehr seichtes, zum Schwimmen eher ungeeignetes Wasser. Überbleibsel des alten Hua Hin kann man noch am Bahnhof und am Pier sehen.

Ruinen von Ayutthaya

8 Ayutthaya

Von 1350 bis 1767 war Ayutthaya Hauptstadt des gleichnamigen Königreichs. Nach der Zerstörung durch die Birmanen wurde die Stadt aufgegeben *(siehe S. 38)*. Der in herrlicher Landschaft gelegene Ayutthaya Historical Park mit den bedeutenden Tempeln Wat Phra Mahathat, Wat Ratchaburana und Wat Phra Sri Sanphet ist ein lohnendes Ziel für einen Tagesausflug *(siehe S. 32–35)*.

9 Pattaya

Karte U3 ■ 147 km südöstl. von Bangkok

Die Stadt – einst wegen ihrer Go-go-Bars, Discos, Cabarets und zahllosen Bierbars mit Hostessen eher berüchtigt – bietet heute eine Reihe von Familienattraktionen wie das Pattaya Park Beach Resort, Underwater World, Elephant Village, Mini Siam und das Museum Art in Paradise. Golf, Wassersport sowie erst-

»Todesbahn«

1942/43 starben etwa 16 000 alliierte Kriegsgefangene und 90 000 Asiaten beim Bau der Eisenbahnlinie zwischen Thailand und Birma. Die Bahnverbindung war für den Plan Japans zur Eroberung Südostasiens von größter Bedeutung. Nach der japanischen Kapitulation wurde sie von den Briten zerstört.

klassige Seafood-Restaurants und Shoppingmalls ziehen ebenfalls Besucher an.

10 Kanchanaburi

Karte S2 ■ 130 km westl. von Bangkok

Die Stadt am Westrand der Zentralebene ist vor allem wegen der Brücke über den Fluss Kwai und der Soldatenfriedhöfe ein beliebtes Ziel für einen Tagesausflug. Hier ruhen alliierte Soldaten, die im Zweiten Weltkrieg beim Bau der »Todesbahn« nach Birma ums Leben kamen. Das Thailand-Burma Railway Center informiert über die Geschehnisse. Zu den zahlreichen Naturschauplätzen in der Umgebung von Kanchanaburi zählt der Erawan-Nationalpark mit dem rauschenden Wasserfall.

Wasserfall bei Kanchanaburi

Tagestour

Vormittags

Beginnen Sie am **Jomtien Beach**, einem schier endlosen Sandstrand südlich des Zentrums von Pattaya. Vergnügen Sie sich beim Schwimmen, Windsurfen, Parasailing oder Wasserskifahren. Händler versorgen Sie mit Obst und Seafood. Sollten Sie mittags dennoch hungrig sein, lassen Sie sich bei **Big Kahuna** (Tabphaya Road; +66 97 242 232) am nördlichen Strandende Burger oder kubanische Sandwiches schmecken.

Nachmittags

Nach dem Essen spazieren Sie zum **Khao Phra Tamnak** und genießen den Blick auf **Pattaya Beach**. Dann geht es weiter gen Norden zum **Sanctuary of Truth**, einem prachtvollen Palast, der Baustile von Khmer, Hindus und Buddhisten vereint. Beenden Sie den Tag mit einem Besuch von **Mini Siam**, wo kleine Nachbauten von berühmten Gebäuden des Landes zu bewundern sind.

Abends

Ruhen Sie sich kurz im Hotel aus, bevor Sie sich in Pattayas Nachtleben stürzen. Die Bierbars am Strand sind ideal, um in Partylaune zu kommen. Fürs Abendessen empfiehlt sich **PIC Kitchen** (Soi 5; +66 38 428 374), das u. a. leckere Currys serviert. Danach können Sie sich im **Tiffany's** ein Cabaret ansehen. Wer dann noch nicht müde ist, findet in Pattaya reichlich Gelegenheit, die Nacht durchzumachen.

Siehe Karte S. 102

Reise-Infos

Auf einem schwimmenden Markt werden »Bootnudeln« zubereitet und verkauft

Anreise & In Bangkok unterwegs

Flugreisen

Die meisten Bangkok-Besucher kommen mit dem Flugzeug. Der **Suvarnabhumi International Airport (BKK)**, rund 25 Kilometer östlich der Stadt, wird von mehr als 80 Fluglinien aus vielen Großstädten der Welt direkt angeflogen. Es gibt ein Terminal für Inlands- und Auslandsflüge – ankommende Passagiere betreten es auf Ebene 2, zum Abflug begibt man sich auf Ebene 4. Der **Don Mueang International Airport (DMK)**, nördlich von Bangkok, dient inzwischen für nationale und internationale Billigfluglinien wie Nok Air, Air Asia und Thai Lion Air.

Thai Airways International bedient Flugziele weltweit, Billigfluglinien verkehren vornehmlich im Inland und innerhalb Südostasiens.

Mit dem Suvarnabhumi Airport Rail Link (SARL), der im Untergeschoss des Flughafenterminals abfährt, gelangt man preiswert in die Innenstadt. Der Zug bietet Anschluss an den Skytrain und die Metro (MRT). Taxis verlangen für die Abholung vom Flughafen eine Gebühr von 50 Baht. Für die Nutzung von Schnellstraßen werden Mautgebühren fällig.

Zugreisen

Bangkok ist per Bahn aus Singapur und Malaysia erreichbar. Die meisten Züge enden am **Krung Thep Aphiwat Central Terminal**, dem neuen Hauptbahnhof von Bangkok. Züge aus Kanchanaburi und einige aus Hua Hin fahren Thonburi an.

Busreisen

Das Straßen- und Busnetz in Thailand ist sehr gut ausgebaut und auch gut mit den Nachbarländern vernetzt. Busse aus Malaysia kommen am **Eastern Bus Terminal**, Busse aus Kambodscha und Laos am **Northern Bus Terminal** an.

Alle Fahrzeuge bieten Klimaanlage, eine Toilette, verstellbare Sitze und viel Beinfreiheit. In Spitzenzeiten ist es am besten, im Voraus zu buchen, meist genügt es aber, sich einfach eine halbe Stunde vor Abfahrt am Busbahnhof einzufinden.

Öffentlicher Nahverkehr

In Bangkok kommt man mit dem **Skytrain** und der **Metro (MRT)** gut voran. Der Skytrain ist eine Hochbahn mit zwei Linien. Die Sukhumvit-Linie fährt vom Chatuchak-Wochenendmarkt durch die Shoppingmeilen Rama I Road und Ploen Chit Road im Zentrum, entlang der Sukhumvit Road bis Soi Thonglor und schließlich in die östlichen Vororte. Die Silom-Linie fährt vom Nationalstadion (beim Jim-Thompson-Haus) durch die Silom Road im Zentrum bis Saphan Taksin (mit Anschluss an die Flussboote) und über den Chao Phraya nach Thonburi. Beide Linien kreuzen sich am Siam Square. In der Rushhour (7–9 Uhr, 17–19 Uhr) sind die Wagen sehr voll. Wer nicht für jede Fahrt am Kartenautomaten anstehen will, sollte sich am Schalter eine Tageskarte für 150 Baht oder eine Rabbit Card (Guthabenkarte) für 200 Baht besorgen. Die Züge fahren bis 24 Uhr.

Die blaue Hauptlinie der Metro (MRT) fährt vom alten Bahnhof Hua Lamphong durch Silom Road und Sukhumvit Road zum Chatuchak-Wochenendmarkt, die lilafarbene Linie fährt weiter in die nördlichen Vororte. Nach einem Ausbau fährt die Metro nun auch von Hua Lamphong in die Altstadt und nach Chinatown. An drei Haltestellen kann man in den Skytrain umsteigen, allerdings ist dann ein neues Ticket erforderlich. Für die Metro sind Tagespässe und Guthabenkarten erhältlich. Wie der Skytrain ist auch die Metro während der Rushhour überfüllt. Die Züge fahren bis 24 Uhr.

Die **Busse** der Bangkok Mass Transit Authority (BMTA) bedienen ein gut ausgebautes Netz und bieten günstige Tarife. Die meisten Linien fahren von 4 bis 22 Uhr, manche sogar rund um die Uhr. Da sich der Verkehr in Bangkok regelmäßig staut, sollte man klimatisierte Busse wählen.

Flussboote

Mit den Booten des **Chao Phraya Express** *(siehe S. 21)* und des **Khlong Saen Saep Express** kommt man oft schneller ans Ziel als auf Bangkoks verstopften Straßen. Man kann auch ein Langboot chartern. Hotels am Westufer in Thonburi bieten Gratisshuttles an.

Taxis

Taxis mit Taxameter sind überall zu finden und relativ preiswert. Der erste Kilometer kostet 35 Baht, für jeden weiteren kommen 5,50 Baht hinzu, bei längeren Strecken mehr. Eine kurze Fahrt kommt so auf rund 60 Baht. Bei Stau schalten die Taxameter auf Zeitabrechnung um. Bestehen Sie stets auf das Einschalten des Geräts – das ist in jedem Fall günstiger als ein Festpreis. Wagen von Fahrdiensten wie **Grab** oder **InDrive** werden per App bestellt und bezahlt.

Motorradtaxis, die an vielen Straßenecken warten, eignen sich hervorragend für Fahrten in entlegene Ecken der Stadt. Der Fahrpreis muss individuell ausgehandelt werden und beginnt in der Regel bei 20 Baht. Motorradtaxis sind grundsätzlich recht flott unterwegs und deshalb nicht für Kinder geeignet.

Tuk-Tuks

Für viele gehört eine Fahrt mit dem Tuk-Tuk zum Pflichtprogramm in Bangkok. Bei Regen oder dichtem Verkehr können die offenen dreirädrigen Gefährte recht ungemütlich werden, die meisten Besucher haben aber Spaß daran. Handeln Sie den Preis besser vor Fahrtantritt aus.

Mietwagen

Autofahren ist in Bangkok nicht zu empfehlen. Mietwagenfirmen wie **Hertz** und **Budget** bieten Wagen mit Fahrer.

Radfahren

In der Altstadt sind Radwege vorhanden und **Pun Pun Bike Share** verleiht Räder. **Follow Me** bieten Stadtrundfahrten, **Spice Tours** Überlandtouren an.

Zu Fuß

Bei einem Spaziergang können Sie den pulsierenden Alltag und die Kultur Bangkoks erleben. Meiden Sie Hauptstraßen und bummeln Sie lieber durch die parallelen *sois*. Unverzichtbar ist dabei ein guter Stadtplan. Sie können den in diesem Buch vorgeschlagenen Spaziergängen folgen. Wer nicht auf eigene Faust losziehen möchte, kann an einer Stadtführung teilnehmen.

Flugreisen

Suvarnabhumi International Airport (BKK)
W suvarnabhumi.airportthai.co.th

Don Mueang International Airport (DMK)
W donmueang.airportthai.co.th

Zugreisen

Krung Thep Aphiwat Central Terminal
Karte T5 ■ Thoet Damri Road
☎ +66 2 587 4613

Bahnhof Thonburi
Karte A3 ■ Siriraj, Bangkok Noi

Busreisen

Eastern Bus Terminal
Karte S5 ■ Sukhumvit Road, Phra Khanong
☎ +66 2 391 2504

Northern Bus Terminal
Karte T5 ■ Phahonyothin Road
☎ +66 2 272 0299

Öffentlicher Nahverkehr

Skytrain
W bts.co.th

Metro (MRT)
W mrta.co.th

Busse
W bmta.co.th

Flussboote

Chao Phraya Express
W chaophrayaexpressboat.com
☎ +66 2 449 3000

Khlong Saen Saep Express
W khlongsaensaep.com
☎ +66 92 275 6646

Taxis

Grab
W grab.com

InDrive
W indrive.com

Mietwagen

Budget
W budget.co.th

Hertz
W hertzthailand.com

Radfahren

Pun Pun Bike Share
W punpunbikeshare.com
☎ +66 87 029 8888

Follow Me
W followmebiketour.com
☎ +66 87 059 1130

Spice Roads
W spiceroads.com

Praktische Hinweise

Einreise

EU-Bürger und Schweizer brauchen für einen Aufenthalt von bis zu 30 Tagen kein Visum, sofern sie per Flugzeug einreisen. Voraussetzung – auch für Kinder jeden Alters – sind ein mindestens sechs Monate gültiger Reisepass sowie ein Rück- oder Weiterflugticket. Wer ein Visum benötigt, muss dies bei der thailändischen Vertretung im Heimatland beantragen und innerhalb von 90 Tagen nach Ausstellungsdatum einreisen. Über eine Verlängerung entscheidet die **Immigration Division**. Aktuelle Bestimmungen sind beim **thailändischen Außenministerium** zu erfahren.

Zoll

Pro Person dürfen 200 Zigaretten oder 250 Gramm Tabak sowie 1 Liter Wein oder Spirituosen eingeführt werden. E-Zigaretten und sonstige Verdampfer sind verboten.

Für die Ausfuhr von Antiquitäten und Buddha-Bildern gibt es strenge Vorschriften.

Reise- & Sicherheitshinweise

Deutsche, Österreicher und Schweizer erhalten auf den Websites ihrer Außenministerien Reisehinweise sowie Informationen über die aktuelle Sicherheitslage und ggf. notwendige Einreisedokumente. Da es wegen unvorhersehbarer Entwicklungen jederzeit zu Änderungen und Einschränkungen kommen kann, stellen die Außenministerien zudem kostenlose Apps zur Verfügung, über die Reisende sofort von Veränderungen der Lage erfahren.

Versicherung

Die medizinische Versorgung in Bangkok ist gut, kann aber teuer werden. Eine Reiseversicherung in Kombination mit einer Auslandskrankenversicherung ist unerlässlich. Die Leistungen sollten einen eventuellen Rücktransport sowie eine Absicherung bei Diebstahl und Verlust abdecken.

Impfungen

Es gibt keine gesetzlichen Impfvorschriften, es sei denn, man reist aus einem Gelbfiebergebiet ein. Es ist jedoch ratsam, gegen Polio, Tetanus, Typhus und Hepatitis A geimpft zu sein. Für Besucher ländlicher Gebiete werden Impfungen gegen Tuberkulose, Hepatitis B, Tollwut, Diphtherie und Japanische Enzephalitis empfohlen. Erkundigen Sie sich vier bis sechs Wochen vor Ihrer Reise nach den aktuellen Impfempfehlungen.

Gesundheit

In Bangkok gibt es mehrere öffentliche und private Krankenhäuser und hochqualifizierte Ärzte, die gutes Englisch sprechen. Die Gesundheitsversorgung in Thailand ist bezahlbar – das Land ist ein beliebtes Ziel für Medizintouristen. Im **Bumrungrad Hospital** und im **BNH Hospital** werden schwere Krankheiten und Verletzungen behandelt. In Notfällen hilft der **medizinische Notdienst** weiter.

Leichte Blessuren werden auch in kleineren Kliniken gut versorgt – das Personal spricht meist etwas Englisch. Die Apotheken sind gut sortiert und verkaufen auch Antibiotika ohne Rezept. Wer ein bestimmtes Medikament braucht, sollte jedoch einen Vorrat sowie das Rezept hierfür von zu Hause mitbringen.

Wer einen Zahnarzt benötigt, kann das **Dental Hospital** aufsuchen. Die Behandlungen sind gut und preiswert.

Rauchen, Alkohol & Drogen

In öffentlichen Innenräumen ist das Rauchen offiziell verboten, in einigen Restaurants und Bars gibt es dagegen ausgewiesene Raucherbereiche. Die Einfuhr oder der Verkauf von E-Zigaretten ist illegal. In Thailand gilt eine Promillegrenze von 0,5. Bei Überschreitungen des Grenzwertes drohen hohe Geldstrafen.

Der Besitz von illegalen Drogen wie Cannabis, kann in Thailand mit einer langen Gefängnisstrafe geahndet werden.

Ausweispflicht

Ausländer sind verpflichtet, stets ihre Ausweise mit sich zu führen. Es werden häufig Kontrollen durchgeführt, vor allem in den Vergnügungsvierteln von Bangkok. Eine Kopie des Reisepasses ist ausreichend, sofern auch die Seite mit dem Visum bzw. Einreisestempel kopiert und mitgeführt wird.

Persönliche Sicherheit

Thailand ist in der Regel sicher, dennoch sollte man ein paar Vorsichtsmaßnahmen ergreifen. Taschenraub von vorbeifahrenden Motorrädern sowie Taschendiebstähle sind in Bangkok an der Tagesordnung, daher ist es am besten, keine großen Geldsummen mit sich zu führen oder viel Schmuck zu tragen. Es ist ratsam, Reisepass und Wertsachen im Hotelsafe zu deponieren. Halten Sie sich von Schleppern und anderen Betrügern fern. Die Gegend vor dem Großen Palast ist für Schlepper berüchtigt.

In Notfällen wenden Sie sich an die **Tourist Police**, die über englischsprachige Mitarbeiter verfügt. Die Telefone sind von 8 Uhr bis Mitternacht besetzt. Die **Metropolitan Mobile Police** ist für allgemeine Notfälle in der Stadt zuständig. Beim Verlust von Reisedokumenten kontaktieren Sie Ihre **Botschaft**. Falls Ihnen eine **Kreditkarte** abhandenkommt, lassen Sie diese sofort sperren.

Homosexualität wurde in Thailand 1956 legalisiert, und obwohl die LGBTQ+ Gemeinschaft im Allgemeinen akzeptiert wird, erkennt das Gesetz gleichgeschlechtliche Ehen oder Lebenspartnerschaften noch nicht an. In Bangkok gibt es eine lebendige LGBTQ+ Szene, außerhalb der großen städtischen Zentren kann es jedoch konservativer zugehen. **Utopia Asia** ist eine gute Informationsquelle für LGBTQ+ Reisende.

Behinderte Reisende

Die Einrichtungen für behinderte Reisende sind in Bangkok im Allgemeinen gut. Viele gehobene Hotels sind gut ausgestattet. Jede MRT-Station in der Stadt hat Aufzüge und einen rollstuhlgerechten Zugang. Weder Züge noch Busse sind jedoch vollständig barrierefrei, sodass die Anmietung eines Autos mit Fahrer in der Regel die beste Option ist. Die Gehwege in der Stadt können zudem uneben sein, und es fehlen Rampen. Außerhalb der Stadt gibt es nur wenige Einrichtungen für Rollstuhlfahrer. Außerdem fehlen an Straßenkreuzungen oft akustische Signale für sehbehinderte Reisende.

Weitere Informationen bietet die **Tourism Authority of Thailand**. Sehr dienlich sind auch Reiseveranstalter wie **Help & Care Travel** oder **Accessible Thailand**.

Einreise

Immigration Division
W bangkok.immigration.go.th

Thailändisches Außenministerium
W mfa.go.th

Reise- & Sicherheitshinweise

W auswaertiges-amt.de
W bmeia.gv.at
W eda.admin.ch

Gesundheit

Medizinischer Notdienst
T 1669

Bumrungrad Hospital
W bumrungrad.com

BNH Hospital
W bnhhospital.com

Dental Hospital
W dentalhospitalbangkok.com

Persönliche Sicherheit

Metropolitan Mobile Police
T 191

Tourist Police
T 1155
W touristpolice.go.th

Utopia Asia
W utopia-asia.com

Botschaft Deutschland
Karte Q5 ■ 9 South Sathorn Road, Bangkok 10120
T +66 2 287 9000
W bangkok.diplo.de

Botschaft Österreich
Karte Q6 ■ 14 Soi Nantha-Mozart, South Sathorn Soi 1, Bangkok 10120
T +66 2 105 6710
W bmeia.gv.at/bangkok

Botschaft Schweiz
Karte R2 ■ 35 North Wireless Road, Bangkok 10330
T +66 2 674 6900
W eda.admin.ch/bangkok

Kreditkartenverlust
T 001 49 116 116
W 116116.eu

Behinderte Reisende

Help & Care Travel
W wheelchairtours.com

Accessible Thailand
W accessiblethailand.info

Tourism Authority of Thailand (TAT)
1600 Petchaburi Road
T 1672 (gebührenfrei)
W tourismthailand.org

Zeitzone

Thailands Standardzeit (THA) ist der mitteleuropäischen Zeit (MEZ) um sechs, der Sommerzeit um fünf Stunden voraus.

Geld

Die offizielle Währung in Thailand ist der Baht (B). Ausländische Währungen werden akzeptiert, der Wechselkurs ist jedoch nicht gerade günstig. Die meisten Einrichtungen akzeptieren gängige Kredit- und Debitkarten, dennoch sollte man immer etwas Bargeld für kleinere Ausgaben dabei haben.

Trinkgeld ist in Thailand nicht üblich, aber als Zeichen der Wertschätzung durchaus willkommen. Die folgenden Beträge werden als Richtwert empfohlen: 20 Baht pro Person, die im Restaurant bedient wird; 20 Baht pro Tasche für den Hotelportier; 100 Baht für den Concierge; Taxifahrten werden auf die nächsten zehn Baht aufgerundet.

Strom

Die Stromspannung in Thailand beträgt 220 Volt (50 Hz). Moderne Steckdosen sind für europäische Stecker geeignet, für ältere ist ein Adapter erforderlich.

Mobilfunk & WLAN

Rund um Bangkok, wie auch in den meisten anderen Städten und auf den bewohnten Inseln ist das Mobilfunknetz sehr gut mit 4G (LTE), zum Teil auch mit 5G ausgebaut. Es empfiehlt sich der Kauf einer Prepaid-SIM-Karte eines hiesigen Anbieters wie **dtac**. Sie erlaubt günstige Telefonate ins Ausland und bietet eine Internet-Flatrate. Man erhält sie am Flughafen und in Malls. Kostenloses WLAN ist in praktisch allen Unterkünften sowie in vielen Restaurants, Cafés und Shoppingmalls verfügbar.

Post

Thailands Postwesen ist zuverlässig, Briefmarken sind in allen Postämtern und in vielen Hotels erhältlich. Briefe und Postkarten nach Europa benötigen in der Regel mindestens eine Woche. Postfilialen sind meist montags bis freitags von 8.30 bis 16.30 Uhr, samstags von 9 bis 12 Uhr geöffnet. Sendungen sollten per Einschreiben oder per Express Mail Service (EMS) verschickt werden. DHL, Fedex und UPS sind in größeren Städten vertreten.

Klima

Die beste Zeit, Bangkok zu besuchen, ist zwischen November und Februar, wenn es etwas kühler und trockener ist. Die Temperaturen liegen dann meist unter 27 °C. Natürlich ist dies die Hauptsaison, in der die meisten Urlauber in die Stadt kommen. Die heiße Jahreszeit von März bis Mai ist schwer erträglich, es sei denn, man plant einen reinen Badeurlaub. Die Regenzeit von Juni bis Oktober ist die am wenigsten vorhersehbare Jahreszeit – sie kann aber schön sein, da die Niederschläge in der Regel schnell vorüber sind. Die meisten Hotels, Restaurants und Shoppingmalls in Bangkok sind klimatisiert.

Öffnungszeiten

Die meisten Behörden sind wochentags von 8.30 bis 16.30 Uhr geöffnet, viele schließen zur Mittagszeit. Sehenswürdigkeiten sind in der Regel täglich von 9 bis 17 Uhr geöffnet. Kaufhäuser öffnen täglich um 10 Uhr und schließen um 21 oder 22 Uhr. An Feiertagen sind Behörden, Postämter und Banken geschlossen, die meisten Läden, Bars und Restaurants bleiben dagegen geöffnet. Der wichtigste nationale Feiertag ist Songkran im April, wenn ein Großteil Thailands für drei bis sieben Tage den Betrieb einstellt.

Information

Das staatliche Fremdenverkehrsamt Tourism Authority of Thailand *(siehe S. 111)* hat seinen Hauptsitz in Bangkok und bietet Stadtpläne, Landkarten und Broschüren. Die Website liefert Informationen zu Reisezielen und Veranstaltungen. Es gibt auch eine offizielle App namens »Amazing Thailand«. Die **Bangkok Tourism Division** ist eine weitere hilfreiche Informationsquelle mit Schaltern an zahlreichen Orten der Stadt.

Etikette

Die Menschen in Thailand gelten als tolerant, liebenswürdig und hilfsbereit. Nichtsdestotrotz gibt es lokale Gepflogenheiten zu beachten. Direkte Konfrontation und aggressives Verhalten werden als unangemessen angesehen. Die Monarchie, ob früher oder heute, wird verehrt. Bei Majestätsbeleidigung drohen hohe Strafen. Besser, Sie erwähnen die königliche Familie gar nicht.

Der Kopf gilt als heiliger Teil des Körpers, berühren Sie also nicht den Kopf anderer Menschen und deuten Sie nicht mit den Füßen (die als minderwertig gelten) auf Menschen oder religiöse Bilder.

Ziehen Sie die Schuhe aus, wenn Sie ein Haus betreten. Sehr kurze Shorts, Männer ohne Hemd in der Öffentlichkeit und Frauen, die am Strand oben ohne sind, gelten als unhöflich.

Besuch von buddhistischen Tempeln

Wer einen thailändischen Wat besucht, sollte sich respektvoll verhalten und sich angemessen kleiden. Kurze Hosen und ärmellose Hemden sind unerwünscht, und die Schuhe sollten vor dem Betreten ausgezogen werden. Begrüßen Sie die Mönche mit einem Lächeln und einem Nicken. Frauen ist es nicht gestattet, einem Mönch etwas direkt zu überreichen.

Sprache

Die Amtssprache in Thailand ist Thailändisch. Grundkenntnisse in Englisch sind weitverbreitet, aber nicht selbstverständlich. Eine Übersetzer-App auf dem Smartphone kann hilfreich sein.

Mehrwertsteuer

Thailand erhebt eine Mehrwertsteuer von sieben Prozent auf Waren und Dienstleistungen. Besucher, die sich weniger als 180 Tage in Thailand aufhalten, können sich bei jedem Einkauf mit einem Mindestwert von 2000 Baht einen Teil der Steuer rückerstatten lassen. Halten Sie Ausschau nach Läden mit dem Hinweis »VAT Refund for Tourists«. Nach Vorlage Ihres Reisepasses füllt der Verkäufer ein Formular für die Rückerstattung aus. Dieses müssen Sie vor der Abreise am Flughafen beim Zoll vorlegen.

Unterkunft

Die Zimmerpreise eines Fünf-Sterne-Hotels in Bangkok ähneln denen eines Mittelklassehotels in Europa oder den USA. In Luxushotels darf man dafür ein großes Zimmer mit ansprechender Aussicht, erstklassige Ausstattung, mehrere hauseigene Restaurants und Bars sowie aufmerksamen Service erwarten.

Zum Hotelstandard der Mittelklasse gehören Klimaanlage, TV und Bad mit fließend Warmwasser, jedoch fehlt der Hauch von Luxus, den man in einem Spitzenhaus genießt. Es lohnt sich, auch die wachsende Zahl an Boutiquehotels zu beachten. Diese bieten oft mehr Individualität und persönlicheren Service als manches Luxushotel.

Bangkok ist für Reisende mit kleinem Budget ein beliebtes Ziel, hier vor allem die Khao San Road. In den kleinen Zimmern – meist ohne Fenster und mit dünnen Wänden – stehen oft nur ein Bett und ein Ventilator. Das Bad muss man sich mit anderen Gästen teilen. Wer gern ruhig wohnt, sollte ein Hotel in der Umgebung von Bangkok wählen. Die Buchungsplattform **Agoda** bietet eine Reihe von preisgünstigen Hotels, aber auch einige Hotels der gehobenen Kategorie.

Zur Hauptsaison (Nov – Feb) sind viele Häuser ausgebucht und Zimmerpreise entsprechend hoch. Außerhalb dieser Zeit lohnt es sich, nach Ermäßigungen zu fragen, vor allem bei mehrtägigen Aufenthalten.

Es ist ratsam, Hotelzimmer frühzeitig zu buchen, besonders zur Hauptreisezeit, während bedeutender Feste oder wenn es sich um eine begehrte Adresse handelt. Bei Buchungsportalen ist auch interessant, ob sich die Buchung ändern oder stornieren lässt und welche Gebühren hierfür anfallen.

Information

Bangkok Tourism Division
Karte C2
■ 17/1 Phra Athit Road
☎ +66 2 225 7613

Mobilfunk

dtac
W dtac.co.th/en

Unterkunft

Agoda
W agoda.com

Hotels

Preiskategorien
Preis für ein Standard-Doppelzimmer pro Nacht mit Frühstück (falls inkl.), Steuern und Service.

B bis 1800 B **BB** 1800–4000 B **BBB** über 4000 B

Luxushotels

Anantara Riverside Bangkok
Karte S6 ■ 257 Charoen Nakhon Road, Thonburi ■ +66 2 476 0022 ■ www.anantara.com ■ BBB
Der große Komplex am Westufer des Chao Phraya lockt mit schönen Gärten, einem traumhaften Spa, vielen Restaurants und einem Pool. Jedes der eleganten Zimmer hat einen eigenen Balkon.

Anantara Siam
Karte Q3 ■ 155 Ratchadamri Road ■ +66 2 126 8866 ■ www.anantara.com ■ BBB
Luxuriöse Zimmer, tadelloser Service, eine Reihe edler Restaurants und der Blick über das weite Grün des Royal Bangkok Sports Club machen das Hotel zu einer der besten Adressen in der Stadt.

COMO Metropolitan Bangkok
Karte Q5 ■ 27 South Sathorn Road ■ +66 2 625 3333 ■ www.comohotels.com/metropolitan bangkok ■ BBB
Bangkoks trendigstes Hotel setzt auf edel minimalistisches Design mit viel Seide. Das Spitzenrestaurant Nahm sowie die Hausgästen und Mitgliedern vorbehaltene Met Bar locken die Designer der Stadt an.

Conrad Bangkok
Karte R3 ■ All Seasons Place, 87 Wireless Road ■ +66 2 690 9999 ■ www.conradhotels.com ■ BBB
Das Hotel zeigt aufwendigen Thai-Stil. In zentraler Lage bietet es einen schönen Blick auf den Lumphini-Park *(siehe S. 86)* sowie erstklassige Restaurants und Bars.

Grand Hyatt Erawan Bangkok
Karte Q3 ■ 494 Ratchadamri Road ■ +66 2 254 1234 ■ www.hyatt.com ■ BBB
Eine prachtvolle Lobby führt hier zu den schicken hellen Zimmern mit Marmorbädern. Ein besonderer Genuss ist der Nachmittagstee in der Garden Lounge.

Mandarin Oriental
Karte M5 ■ 48 Oriental Avenue ■ +66 2 659 9000 ■ www.mandarinoriental.com/bangkok ■ BBB
Das Oriental Hotel *(siehe S. 86)* begrüßt seit rund 130 Jahren berühmte Gäste. Exzellente Ausstattung, tolle Aussicht und individueller Service heben es in die Riege der besten Häuser der Welt.

The Peninsula
Karte L5 ■ 333 Charoen Nakhon Road ■ +66 2 020 2888 ■ www.peninsula.com ■ BBB
Das Haus wurde mehrfach für sein Design und die großen Zimmer mit grandiosem Blick auf Stadt und Chao Phraya ausgezeichnet. Hier warten ein Pool auf drei Ebenen, ein herrliches Spa sowie Restaurants mit thailändischer und kantonesischer Küche.

Royal Orchid Sheraton
Karte M4 ■ 2 Charoen Krung Road Soi 30 ■ +66 2 266 0123 ■ www.royalorchidsheraton.com ■ BBB
Das 28-stöckige Hotel bietet seinen Gästen Pools und Tennisplätze, ein Fitnesscenter mit Spa, Restaurants mit thailändischer und italienischer Küche und eine einladende Bar am Fluss.

Shangri-La Hotel
Karte M6 ■ 89 Soi Wat Suan Phlu, Charoen Krung Road ■ +66 2 236 7777 ■ www.shangri-la.com/bangkok ■ BBB
Mit 800 Zimmern zählt das Haus zu Bangkoks größten Luxushotels. Es birgt diverse Restaurants und Bars, Pool, Fitnesscenter und Tennisplätze sowie die Wellnessoase Chi, The Spa *(siehe S. 44)*.

Siam Kempinski Hotel Bangkok
Karte P2 ■ 991/9 Rama I Road ■ +66 2 162 9000 ■ www.kempinski.com/bangkok ■ BBB
Ein Hauch von Art déco umweht das wunderschöne Resorthotel im Herzen der Stadt, das über gepflegte Gartenanlagen, drei Pools, ein Spa und ein exzellentes Restaurant mit moderner thailändischer Küche verfügt.

The Sukhothai Bangkok
Karte Q5 ▪ 13/3 South Sathorn Road ▪ +66 2 344 8888 ▪ www.sukhothai.com ▪ BBB
Das Hotel verbindet moderne Annehmlichkeiten mit traditioneller thailändischer Architektur. Umgeben von üppigen Gärten und Pools verfügt das Hotel über luxuriöse Zimmer, drei ausgezeichnete Restaurants, darunter das Celadon *(siehe S. 99)*, sowie ein Pool-Café.

W Bangkok
Karte P6 ▪ 106 North Sathorn Road ▪ +66 2 344 4000 ▪ www.whotelbangkok.com ▪ BBB
Die moderne Luxusoase zeigt schnörkellosen Chic mit originellen Details. Hier finden sich The House on Sathorn – ein opulentes Restaurant im einstigen Sitz der russischen Botschaft – und die angesagte WOOBAR® *(siehe S. 93)*.

Businesshotels

DoubleTree by Hilton Bangkok Ploenchit
Karte T6 ▪ 12 Sukhumvit Soi 2 ▪ +66 2 262 2999 ▪ www.hilton.com ▪ BB
Das ehemalige Majestic Grande gehört heute zur Hilton-Gruppe. Das Hotel im Zentrum von Bangkok bietet einen herrlichen Blick auf die nahe Innenstadt. Das Fitnesscenter ist ganztägig geöffnet, zudem gibt es einen Swimmingpool im Freien.

InterContinental Bangkok
Karte R3 ▪ 973 Ploen Chit Road ▪ +66 2 656 0444 ▪ www.intercontinental.com/icbangkok ▪ BBB
Das 37-stöckige Hotel in der betriebsamen Ploen Chit Road liegt ideal für Geschäftsreisende und für Shoppingbegeisterte, der schnelle Skytrain hält vor der Tür. Die großen, mit Schallschutzfenstern ausgestatteten Zimmer bieten eine tolle Aussicht.

Lebua at State Tower
Karte N5 ▪ 1055 Silom Road ▪ +66 2 624 9999 ▪ www.lebua.com/state-tower ▪ BBB
Der Wolkenkratzer mit der goldenen Kuppel, eines der jüngeren Wahrzeichen von Bangkok, birgt das Spitzenrestaurant Breeze *(siehe S. 91)* und die fantastische Sky Bar *(siehe S. 92)*.

Marriott Marquis Queen's Park
Karte T6 ▪ 199 Sukhumvit Soi 22 ▪ +66 2 059 5555 ▪ www.marriott.com ▪ BBB
Das Hotel bietet luxuriöse Zimmer mit Blick auf den Benjasiri-Park sowie zwei Swimmingpools und beherbergt auch ein Spa. Es gibt zudem zahlreiche Restaurants, darunter ein Thai-Western Tea Room sowie ein modernes asiatisches Restaurant auf der Dachterrasse.

Sheraton Grande Sukhumvit
Karte T6 ▪ 250 Sukhumvit Road ▪ +66 2 649 8888 ▪ www.sheratongrandesukhumvit.com ▪ BBB
Eines von Bangkoks führenden Businesshotels paart eleganten Chic mit modernster Ausstattung. Das Businesscenter ist rund um die Uhr geöffnet. Eine Fußgängerbrücke führt direkt vom Hotel zur Skytrain-Station Asoke.

Westin Grande Sukhumvit
Karte T6 ▪ 259 Sukhumvit Road ▪ +66 2 207 8000 ▪ www.marriott.com ▪ BBB
Die auf Businessreisende zugeschnittenen Zimmer und Suiten erfreuen mit weichen Betten. Sowohl im Vareena Spa als auch in der Zest Bar & Terrace kann man den Panoramablick genießen.

Mittelklassehotels

Aloft Bangkok Sukhumvit 11
Karte T6 ▪ 35 Sukhumvit Soi 11 ▪ +66 2 207 7000 ▪ www.aloftbangkoksukhumvit11.com ▪ BB
Das Mittelklassehotel der Marriott-Gruppe steht für trendiges Dekor, große Zimmer und effizienten Service. Der angesagte Club Levels *(siehe S. 93)* liegt im Haus. An Soi 11 gibt es viele Kneipen und Cafés.

Chillax Resort
Karte C2 ▪ 274 Samsen Road Soi 2 ▪ +66 2 629 4400 ▪ www.chillaxresort.com ▪ BB
Zum Entspannen nach dem Sightseeing wartet hier im jedem Zimmer ein Jacuzzi. Vom Infinity Pool auf dem hohen Dach des Hotels hat man einen fantastischen Blick über die Stadt und den Fluss.

New Siam Riverside
Karte B2 ▪ 21 Phra Athit Road ▪ +66 2 282 2795 ▪ www.newsiam.net ▪ BB
Das freundliche Gästehaus mit Pool am Fluss liegt in der lebhaften Phra Athit Road. Zur Khao San Road *(siehe S. 72)* ist es nicht weit.

Rembrandt Hotel

Karte T6 ▪ 19 Sukhumvit Soi 18 ▪ +66 2 261 7100 ▪ www.rembrandtbkk.com ▪ BB
In einer ruhigen *soi* der Sukhumvit Road finden sich tadellose Zimmer und guter Service für kleines Geld wie auch die besten indischen und mexikanischen Restaurants der Stadt.

The Rose Hotel

Karte P5 ▪ 118 Surawong Road ▪ +66 2 266 8268 ▪ www.rosehotelbkk.com ▪ BB
Nahe dem Shopping- und Vergnügungsviertel Silom bietet dieses Haus ruhige und komfortable Zimmer im zeitgemäßen asiatischen Stil, ein exzellentes Restaurant, Fitnessraum, Pool und Sauna.

Boutiquehotels

Luxx Hotel

Karte N5 ▪ 6/11 Decho Road ▪ +66 2 635 8800 ▪ www.staywithluxx.com ▪ BB
Die minimalistisch gestalteten Zimmer und Suiten sind vor allem bei trendbewussten jungen Gästen beliebt. Die Lage ist toll – nur ein paar Schritte entfernt von den Läden und Clubs der Silom Road.

Shanghai Mansion

Karte L3 ▪ 479–481 Yaowarat Road ▪ +66 2 221 2121 ▪ www.shanghaimansion.com ▪ BB
Das schicke und außergewöhnliche Hotel im Herzen von Chinatown bietet 50 eher kleine, in kräftigen Farben gehaltene Zimmer, von denen allerdings nicht alle ein Fenster haben. Dafür gibt es hier ein Restaurant, Wellnesseinrichtungen und ein Tuk-Tuk-Shuttle.

The Siam Heritage

Karte P5 ▪ 115/1 Surawong Road ▪ +66 2 353 6166 ▪ www.thesiamheritage.com ▪ BB
Die mit glänzenden Holzböden und Antiquitäten ausgestatteten Zimmer zeigen Stilelemente aus Zentral- und Nordthailand. Das Haus birgt ein Spa, eine Konditorei und ein Thai-Restaurant.

Ariyasom Villa

Karte T6 ▪ 65 Sukhumvit Soi 1 ▪ +66 2 254 8880 ▪ www.ariyasom.com ▪ BBB
Das Haus aus den 1940er Jahren, eine Oase der Ruhe unweit von Khlong Saen Saep und Bangkoks Shoppingmeilen, bietet einen reizenden Garten mit Pool und tolle vegetarische Küche.

Chakrabongse Villas

Karte B5 ▪ 396 Maharaj Road ▪ +66 2 222 1290 ▪ www.chakrabongsevillas.com ▪ BBB
Nahe dem Wat Pho liegt – mit Blick auf den Wat Arun – dieses großartige Hotel mit Pool, das mit sechs individuellen Zimmern und Suiten in tropischem Grün aufwartet. Man speist auf einer Terrasse direkt am Fluss.

Praya Palazzo

Karte B2 ▪ 757/1 Somdet Phra Pin Klao Road Soi 2 ▪ +66 2 883 2998 ▪ www.prayapalazzo.com ▪ BBB
In der schön restaurierten italienischen Villa am Fluss genießt man hübsches Dekor und exzellente hiesige und westliche Küche.

The Siam

Karte S5 ▪ 3/2 Thanon Khao Road (hinter Vajira Hospital) ▪ +66 2 206 6999 ▪ www.thesiamhotel.com ▪ BBB
Im friedlichen Stadtteil Dusit bietet das schöne Haus, eines der besten Boutiquehotels Bangkoks, 39 opulent ausstaffierte Suiten und Villen mit herrlichem Blick auf den Fluss.

Preiswerte Häuser

A-One Inn

Karte P2 ▪ 25/13 Soi Kasem San 1, Rama I Road ▪ +66 2 215 3029 ▪ www.aoneinn.com ▪ B
Das gehobene Gästehaus liegt nahe dem Shoppingparadies Siam Square; bis zur Skytrain-Station National Stadium sind es nur ein paar Schritte. Die Zimmer sind einfach, aber nett und gepflegt, das Personal ist sehr freundlich.

iCheck Inn Residence Soi 2

Karte R3 ▪ 71 Sukhumvit Soi 2 ▪ +66 2 656 9877 ▪ www.icheckinn.com ▪ B
Das Haus gehört zu einer renommierten Hotelkette und verfügt über einfache, aber komfortable Zimmer mit Ecksofas. Es befindet sich in der Nähe mehrerer Shoppingmalls und Botschaften – die deutsche ist gut 30 Gehminuten entfernt.

New Siam II

Karte B2 ▪ 50 Trok Rong Mai, Phra Athit Road ▪ +66 2 629 0101 ▪ www.newsiam.net ▪ B
In dem modernen Gästehaus unweit von Großem

Palast und Chao Phraya wohnt man ruhig und ungestört. Die gut, u.a. mit Safe ausgestatteten Zimmer haben je ein eigenes Bad, für die Klimaanlage zahlt man extra. Zum Haus gehört ein kleiner Swimmingpool.

River View Guesthouse

Karte E6 ▪ 768 Songwat Road ▪ +66 2 234 5429 ▪ www.riverviewbkk.com ▪ B

In einer Nebenstraße in Chinatown, nahe dem Schrein San Jao Sien Khong, liegt dieses familiengeführte Gästehaus mit tollem Bar-Restaurant auf dem Dach. Die Zimmer sind renoviert, der Blick aus den oberen Etagen auf den Chao Phraya ist großartig.

For You Residence

Karte N5 ▪ 839 Silom Road ▪ +66 2 635 3900 ▪ www.foryouresidence.com ▪ B

Das komfortable Hotel bietet helle, lichtdurchflutete Zimmer mit schlichter, kieferbetonter Ästhetik und ein ordentliches internationales Frühstück. Von 17 bis 19 Uhr ist Happy Hour in der Bar. Es gibt vor Ort auch einen kleinen Convenience Store.

Wall Street Inn

Karte P5 ▪ 37/20–24 Surawong Road ▪ +66 2 233 4144 ▪ www.wallstreetinnhotel.com ▪ B

Das Inn bietet neben modernen Zimmern mit bequemen Betten, Kabel-TV und Minibar auch einen Coffeeshop, ein Businesscenter und einen Salon für traditionelle Thai- und Fußreflexzonenmassage.

Hotels in der Umgebung

Dheva Mantra Resort

Karte S2 ▪ Moo 3, Thamakham Road, Kanchanaburi ▪ +66 34 615 999 ▪ www.dhevamantraresort.com ▪ BB

Das elegante Gebäude, umgeben von weitläufigen Gärten, birgt opulent ausgestattete Zimmer und ein tolles Spa. Dank der Lage bietet es einen herrlichen Blick auf Fluss und Berge.

Bangkok Tree House

Karte T6 ▪ 60 Moo 1, Petch Cha Hueng Road, Bang Namphueng ▪ +66 82 995 1150 ▪ www.bangkoktreehouse.com ▪ BB

Das ökologisch ausgerichtete Boutiqueresort im grünen Bang Krajao *(siehe S. 49)* ist nur zu Fuß oder per Boot zu erreichen. Das Essen stammt durchweg aus biologischem Anbau, zum Erkunden der Gegend stehen Fahrräder bereit.

Kantary Hotel

Karte T1 ▪ 168 Moo 1, Rojana Road, Ayutthaya ▪ +66 35 337 177 ▪ www.kantaryhotel-ayutthaya.com ▪ BB

Die wohl beste Wahl für eine Nacht in Ayutthaya ist dieses schicke Hotel mit familienfreundlichen Studios. Das Haus hat zudem Pool, Sauna und Jacuzzi zu bieten.

Avani+ Hua Hin Resort & Villas

Karte S3 ▪ 1499 Phetkasem Road, Hua Hin ▪ +66 32 898 989 ▪ www.avanihotels.com/en/hua-hin ▪ BBB

Das schöne Hotel liegt inmitten einer Gartenanlage mit drei großen Pools. Es bietet Gästen eine große Auswahl an Unterkünften, darunter Poolvillen und Zimmer mit Whirlpool auf dem Balkon. Außerdem gibt es ein modernes Spa und ein feines italienisches Restaurant am Strand.

Hilton Hua Hin Resort & Spa

Karte S3 ▪ 33 Nares Damri Road, Hua Hin ▪ +66 32 538 999 ▪ www3.hilton.com ▪ BBB

Es mag in Hua Hin neuere und aufregendere Hotels geben, doch das Hilton liegt in Gehweite von Altstadt und Nachtmarkt, blickt auf einen schönen Strand und birgt darüber hinaus eines der besten Restaurants am Ort.

Novotel Bangkok Suvarnabhumi Airport

Karte T2 ▪ Moo 1, Nongprue, Bang Phli, Samut Prakarn ▪ +66 2 131 1111 ▪ www.novotelairportbkk.com ▪ BBB

Wer direkt am Flughafen wohnen möchte, ist hier am besten aufgehoben: entspannte Atmosphäre, elegante Zimmer, ein großartiges Spa und gleich fünf empfehlenswerte Restaurants und Bars rund um die Lobby.

Sugar Hut

Karte U3 ▪ 391/38 Moo 10, Pattaya Na Jomtien Road, Pattaya ▪ +66 38 251 686 ▪ www.sugarhut-resort.com ▪ BBB

Die edlen Villen im traditionellen Thai-Stil liegen abseits vom Trubel der Stadt in herrlichen Gärten mit Pool und Jacuzzi. Das Essen nach Landesart ist ganz hervorragend.

Preiskategorien siehe S. 114

Textregister

Fett gedruckte Seitenzahlen beziehen sich auf Haupteinträge.

Bildnachweis & Impressum

Autor

Der in Thailand lebende britische Autor und Fotograf Ron Emmons schreibt Beiträge für internationale Zeitschriften und Reiseführer. Für Dorling Kindersley verfasste er auch den Reiseführer *Vis-à-Vis Malaysia & Singapur*.

Mitautor Peter Holmshaw

DK London
(aktualisierte Neuauflage)

Lektorat Georgina Dee, Halima Mohammed, Parnika Bagla, Lucy Sara-Kelly, Mark Silas, Alison McGill, Beverly Smart, Shikha Kulkarni, Hollie Teague

Gestaltung und Bildredaktion
Maxine Pedliham, Priyanka Thakur, Sarah Snelling, Stuti Tiwari, Ankita Sharma, Tanveer Zaidi, Taiyaba Khatoon, Vagisha Pushp

Umschlaggestaltung Jordan Lambley

Kartografie Suresh Kumar, Ashif

Herstellung Jason Little, Samantha Cross

Weitere Mitarbeit Daniel Stables

DK dankt folgenden Personen für ihre Beiträge zu den früheren Ausgaben: Ron Emmons, Paul Gray, David Henley, Peter Holmshaw Leena Lane, Helen Peters, Alex Robinson, Rough Guides/ Martin Richardson

Bildnachweis

l = links, r = rechts, o = oben, u = unten, m = Mitte

DK dankt folgenden Personen, Unternehmen, Institutionen und Bildarchiven für die freundliche Erlaubnis, ihre Fotos zu reproduzieren:

123RF.com Pisanu Kusonsaratool 46/47, Wichit Sawatdee 73mlo, Mr. Rapisan Swangphon 88ur, Seksan Wasuwat 96mlu.

Alamy Stock Photo age fotostock/Dave Stamboulis 56ol, Paul Brown 57or, Chronicle 38or, Thomas Cockrem 86mo, third cross 11mro, Giulio Ercolani 96o, EyeEm Mobile GmbH/Wanwisa Hernandez 63m, Kevin Foy 61mru, Peter Horree 80mlu, imageBROKER/Dirk Bleyer 20/21, imageBROKER/Mara Brandl 60ol, John Kellerman 63ol, 73mru, 88mo, Kevin Foy 79ul, Mike Lawrance 70or, Pakorn Lopattanakij 105ul, William Manning 33m, mediacolor's 15or, Christian Müller 103mro, Peter Adams Photography Ltd 4o, Massimo Piacentino 4mlu, Pictorial Press Ltd 39or, Igor Prahin 43o, Prisma Bildagentur AG/Raga Jose Fuste 4u, Sergi Reboredo 58mu, Simon Reddy 62ur, Suriya Desatit 50ul, Raquel Mogado 75mr, vasa 49mro; Mervyn Rees 27ol, robertharding/ Luca Tettoni 17mlo, 69mr, Leonid Serebrennikov 86u, Dave Stamboulis 74ol, Rick Strange 35ul, Nunnicha Supagrit 95mru, Fabrizio Troiani 22/23, Ian Watt 102ol, ZUMA Press Inc. 65ml.

Anantara Riverside Bangkok 90mlu.

Baan Khanitha 99mro.

Bangkok Dolls Museum Dorling Kindersley/Alex Robinson 51mlo.

Bangkok Marriott Sukhumvit 100ml.

Banyan Tree Bangkok 92ul.

Bridgeman Images Luca Tettoni 6or, 16m.

Calypso Cabaret Dorling Kindersley/ Alex Robinson 55ul, 101o.

Depositphotos Inc tampatra@hotmail.com 14/15m.

Dreamstime.com Aaa187 35mro, Ammcranfield 22mr, Assoonas 4ml, Atosan 7or, Nontawat Boonmun 59or, Carloscastilla 55or, Kanjanee Chaisin 46ol, Jaromír Chalabala 3or, 106/107, Chaopavit 13ol, Sakkarin Chinsoi 43ur, Chirawan 10ol, Pitchathorn Chitnelawong 40mlo, Cowardlion 7ur, 21or, 31ol, Daagron 4mlo, Ionut David 26mlo, Oleg Doroshenko 41ur, Finallast 41ol, Santiago Rodríguez Fontoba 12ul, Gnomeandi 11um, Gow927 50o, Simon Hack 4mr, Jörg Hackemann 2or, 18um, 36/37, 87or, Nasrul Hudayah 54o, Ifocus 62mlo, Iphotothailand 2ol, 8/9, Lukasz Janyst 32mlo, Boonchoo Kaewyai 72ul, Khellon 80mo, Olga Khoroshunova 32mru, Teerasak Khunrach 49u, Hathaichanok Losunthonchai 21mr, Mai9111 22mlu, Aliaksandr Mazurkevich 22/23, Mhoohao 71ml, Pranodh Mongkolthavorn 3ol, 66/67, Moori 10mo, Luciano Mortula 77or, Nalidsa Sukprasert 49ol; Chatchawan Narakornpijit 32/33, Nicousnake 18mlo, 34ul, Ongchangwei 11mu, Outcast85 104/105, Sean Pavone 4mru, Anton Petrus 6ml, Dmitry Pichugin

103u, Apichat Pimsoda 33om, Thanapat Pirmphol 60u, Pixattitude 30m, Pixs4u 21ur, Presse750 47or, Sakol Promla 32/33, Psstockfoto 96/97, RIRFStock 19ol, Saiko3p 14ur, 22mlo, 23mlo, 32mro, Melissa Schalke 11ol, Lee Snider 33ol, Nataliia Sokolovska 20ul, Maposee Soleh 34or, Chatchai Somwat 47ml, Srckomkrit 10mu, StrippedPixel 76ml, Svglass 10ur, Syda Productions 65or, Tang90246 28mlo, Tea 63ur, Thaifairs 41mu, Tofudevil 19ur, Tonfon 28ur, Toxawww 27mru, Vladmax 85or, Tawatchai Wanasri 42mo, Boaz Yunior Wibowo 69u, Wichits 12ml, Sirawut Wisutipaitoon 33mru, Noppasin Wongchum 10ml, Richard van der Woude 82/83, Minyun Zhou 26ur.

Gaggan 59ul.

Getty Images AFP/Pornchai Kittiwongsakul 48mlu, AWL/Gavin Hellier 89o, Paula Bronstein 39ml, Greg Elms 28/29, Kangheewan 70u, LightRocket/David Longstreath 64mlu, Lonely Planet Images/Frank Carter 78o, Matteo Colombo/DigitalVision 1 Moment/Mongkol Chuewong 52/53, Moment/thebang 104mlu, Seng Chye Teo 94mo, Universal History Archive 38mu.

Grand Hyatt Erawan Bangkok 45mr.

Hard Rock Café Bangkok 93ol.

iStockphoto.com aluxum 64o.

Jim-Thompson-Haus Dorling Kindersley / Alex Robinson 30mlo, 30ur, 31mru.

Maggie Choo's 56u, 93mr.

Mandarin Oriental Bangkok 44or, 55mr, 58o.

Nationalmuseum Bangkok Dorling Kindersley/Alex Robinson 17ul, 68ol.

Robert Harding Picture Library Kay Maeritz 16mlo, Marco Simoni 19ul, Luca Tettoni 11mr, 14mlo, 84mlo.

Shangri-La Hotel Bangkok 44ul.

Shutterstock Kayo 33ur, Tooykrub 54ul.

The Sukhothai Bangkok 99mu.

Tower Club at lebua 91mro.

Umschlag

Vorderseite & Buchrücken:
Dreamstime.com Sean Pavone.
Rückseite:
AWL Images Jon Arnold ol;
Getty Images/iStock kitchakron ur, Yotsaran or.

Extrakarte

Dreamstime.com Sean Pavone.

Alle anderen Bilder © Dorling Kindersley.

Titel der englischen Originalausgabe
DK Eyewitness TOP10 Bangkok

Aktualisierte Neuauflage 2023/2024

Verlagsleitung Monika Schlitzer
Programmleitung Heike Faßbender
Redaktionsleitung Stefanie Franz
Herstellungskoordination Antonia Wiesmeier

Covergestaltung Roman Bold & Black, Köln
Übersetzung Gebhard Hölzl, München
Redaktion Bernhard Lück, Augsburg
Schlussredaktion Svenja Conrad, Bremen

Satz & Produktion DK Verlag
Druck Leo Paper Products Ltd, China

ISBN 978-3-7342-0754-9
7 8 9 10 11 26 25 24 23

www.dk-verlag.de

Sprachführer

Thai ist eine tonale Sprache. Die meisten Sprachwissenschaftler betrachten Thai als Hauptidiom einer bestimmten Sprachgruppe; es enthält aber auch viele Sanskrit-Elemente sowie einige Wörter aus dem modernen Englisch. Es gibt fünf Intonationen (Sprechhöhen): mittel, hoch, tief, steigend und fallend, wobei die Intonation der einzelnen Silben die Bedeutung des Worts festlegt. So bedeutet beispielsweise »mâi« (fallend) »nicht«, »măi« (steigend) hingegen »Seide«. In der rechten Spalte dieses Sprachführers steht eine englische Thai-Transkription. Eine anerkannte deutsche Transkription für Thai existiert nicht. In gepflegter Konversation beenden Thai-Männer ihre Sätze mit »**krúp**«. Frauen fügen Fragen am Ende »**ká**«, Aussagen »**kâ**« hinzu.

Hinweise zur Aussprache

Betonen Sie beim Lesen der Lautschrift die Silben wie im Deutschen, z. B.:

a	wie in »ich ess**e**«
e	wie in »w**e**nn«
i	wie in »b**i**n«
o	wie in »v**o**n«
u	wie in »m**a**n« [kurzes A]
ah	wie in »V**a**ter« [langes A]
ai	wie in »Th**ai**land«
air	wie in »w**er**«
ao	wie in »M**ao**«
ay	wie in »h**ey**« [englisch]
er	wie in »Mess**er**«
ew	wie in »**J**unge«
oh	wie in »g**o**« [englisch]
oo	wie in »g**u**t« [langes U]
OO	wie in »M**u**tter« [kurzes U]
oy	wie in »h**eu**te«
g	wie in »**g**ern«
ng	wie in »si**ng**en«

Folgende Laute haben keine Entsprechung im Deutschen:

eu	ein Laut zwischen »Ä« und »Ö«
bp	ein Laut zwischen »B« und »P«
dt	ein Laut zwischen »D« und »T«

»P«, »T« und »K« am Ende eines Worts werden »verschluckt«. Viele Thais sprechen »R« wie »L« aus.

Die fünf Intonationen

Die Akzente verweisen auf die Intonationen der Silben.

kein Akzent	**mittlere Intonation**, normale Tonlage der Sprechers
á é í ó ú	**hohe Intonation**, etwas höher als mittlere Intonation
à è ì ò ù	**tiefe Intonation**, etwas tiefer als mittlere Intonation
ă ĕ ĭ ŏ ŭ	**steigende Intonation**, in der Aussprache einer Frage vergleichbar
â ê î ô û	**fallende Intonation**, in der Aussprache mit der bestimmten Betonung vergleichbar

Im Notfall

Hilfe!	chôo-ay dôo-ay!
Feuer!	fai mâi!
Wo ist das nächste Krankenhaus?	tăir-o-née mee rohng pa-yah-bahn yòo têe-năi?
Rufen Sie einen Krankenwagen!	rêe-uk rót pa-yah-bahn hâi nòy!
Rufen Sie einen Arzt!	rêe-uk mŏr hâi nòy!
Rufen Sie die Polizei!	rêe-uk dtum ròo-ut hâi nòy!

Grundwortschatz

Ja	châi oder krúp/kâ
Nein	mâi châi oder mâi krúp/mâi kâ
Können Sie bitte …?	chôo-ay
Danke	kòrp-kOOn
Nein, danke	mâi ao kòrp-kOOn
Entschuldigung	kŏr-tôht (krúp/kâ)
Hallo	sa-wùt dee (krúp/kâ)
Auf Wiedersehen	lah gòrn ná
Was?	a-rai?
Warum?	tum-mai?
Wo?	têe năi?
Wie?	yung ngai?

Nützliche Redewendungen

Wie geht es Ihnen?	kOOn sa-bai dee reu (krúp/kâ)?
Sehr gut, danke.	sa-bai dee (krúp/kâ)
Wie komme ich nach …?	…bpai yung-ngai?
Sprechen Sie Englisch?	kOOn pôot pah-săh ung-grìt bpen mái?
Könnten Sie langsamer sprechen?	chôo-ay pôot cháh cháh nòy dâi mái?
Ich spreche kein Thai.	pôot pah-săh tai mâi bpen

Nützliche Wörter

heiß	rórn
kalt	yen or năo
gut	dee
schlecht	mâi dee
genug	por
offen	bpèrt
geschlossen	bpìt
links	sái
rechts	kwăh
nahe	glâi
weit	glai
geradeaus	yòo dtrong nâh
Frau/Frauen	pŏo-yĭng
Mann/Männer	pŏo-chai
Kind/Kinder	dèk
Eingang	tahng kâo
Ausgang	tahng òrk
Toilette	hôrng náhm

Telefonieren

Wo ist das nächste öffentliche Telefon?	tăir-o née mee toh-ra-sùp yòo têe-năi?
Kann ich von hier ein Ferngespräch führen?	ja toh bpai dtàhng bpra-tâyt jàhk têe nêe dâi mái?
Hallo, hier spricht …	hello (pŏm /dee-chún)…pôot (krúp/kâ)
Kann ich eine Nachricht hinterlassen?	kŏr fáhk sùng a-rai nòy dâi mái?

Ich würde gern mit … sprechen.	kŏr pôot gùp khun… nòy (krúp/kâ)
Ortsgespräch	toh-ra-sùp pai nai tórng tìn
Telefonkarte	but toh-ra-sùp

Shopping

Wie viel kostet das?	nêe rah-kah tâo-rài?
Ich hätte gern …	dtôrng-gahn…
Haben Sie?	mee…mái?
Ich schaue nur.	chom doo tâo-nún
Nehmen Sie Debitkarten/ Reiseschecks?	rub but cray-dit/ tang mái?
Wann machen Sie auf/zu?	bpèrt/bpìt gèe mohng?
Können Sie das nach Übersee schicken?	sóng khŏng nee bpai dtàhng bpra-tâyt dâi mái?
Geht das nicht ein wenig billiger?	lót rah-kah nòy dâi mái?
Wie wäre es mit … Baht?	…bàht dâi mái?
Das ist recht teuer.	pairng bpai nòy
Verkaufen Sie es für … Baht?	…bàht bpai mái?
Ich nehme es für … Baht.	…bàht gôr láir-o-gun
preiswert	tòok
teuer	pairng
Gibt es das auch in anderen Farben?	mee sĕe èun èek mái?
schwarz	sĕe dum
blau	sĕe núm ngern
grün	sĕe kĕe-o
rot	sĕe dairng
weiß	sĕe kăo
gelb	sĕe lĕu-ung
gold	torng
silber	ngern
Thai-Seide	pâh-măi tai
Damenbekleidung	sêu-pâh sa-dtree
Buchladen	ráhn kăi núng-sĕu
Kaufhaus	hâhng
Apotheke	ráhn kăi yah
Markt	dta-làht
Zeitungsstand	ráhn kăi núng-sĕu pim
Schuhladen	ráhn kăi rorng táo
Supermarkt	sÓOp-bpêr-mah-gêt
Schneider	ráhn dtùt sêu-a

Im Hotel

Haben Sie ein Zimmer frei?	mee hôrng wâhng mái?
Zimmer mit Klimaanlage	hôrng air
Ich habe reserviert.	jorng hôrng wái láir-o
Ich hätte gern ein Zimmer für eine Nacht/drei Nächte.	(pŏm/dee-chún) ja púk yòo keun nèung/săhm keun
Was kostet es pro Nacht?	kâh hôrng wun la tâo-rái?
Ich weiß noch nicht, wie lange ich bleibe.	mâi sâhp wâh ja yòo nahn tâo-rài
Kann ich das Zimmer zuerst sehen?	kŏr doo hôrng gòrn dâi mái?
Kann ich ein paar Sachen im Safe lassen?	kŏr fàhk kŏrng wái nai dtôo sáyf dâi mái?
Können Sie bitte etwas gegen die Mücken tun?	chôo-ay chèet yah gun yOOng hâi nòy dâi mái?
Einzelbett/Doppelbett	hôrng kôo
Einzelzimmer	hôrng dèe-o
Schlafzimmer	hôrng norn
Rechnung	bin
Ventilator	pùt lom
Hotel	rohng-rairm
Schlüssel	gOOn-jair
Manager	pôo-jùt-gahn
Moskitoschutz	mÓOng lôo-ut
Dusche	fùk boo-a
Pool	sá wâi náhm

Sightseeing

Reisebüro	bor-ri sùt num tée-o
Touristeninformation	sŭm-núk ngahn gahn tôrng têe-o
Touristenpolizei	dtum-ròo-ut tôrng tée-o
Strand	háht or chai-háht
Klippe	nâh păh
Festival	ngahn órk ráhn
Hügel/Berg	kăo
historischer Park	ÒO-ta-yahn-bpra wùt sàht
Insel (ko)	gòr
See	ta-lay sáhp
Museum	pí-pít-ta-pun
Nationalpark	ÒO-ta yahn háirng châht
Palast	wang
Park/Garten	sŏo-un
Fluss	mâir náhm
Ruine	boh-rahn sa-tăhn
Tempel (Wat)	wút
Thai-Boxen	moo-ay tai
Thai-Massage	nôo-ut
Trekking	gahn dern tahng táo
Wasserfall	náhm dtòk
Zoo	sŏo-un sàt

Unterwegs / Transportmittel

Wann fährt der Zug nach … ab?	rót fai bpai…òrk meu-rài?
Wie lange braucht man nach …?	chái way-lah nahn tâo-rài bpai tĕung têe…?
Eine Fahrkarte nach …, bitte.	kŏr dtŏo-a bpai… nòy (krúp/kâ)
Von welchem Gleis fährt der Zug nach …?	rót fai bpai..yòo chahn cha-lah năi?
Wie heißt diese Haltestelle?	têe nêe sa-tăhn-nee a-rai?
Ich würde gern einen Platz reservieren.	kŏr jorng têe nûng
Wo ist die Bushaltestelle?	sa-tăhn-nee rót may yòo têe-năi?
Welche Busse fahren nach …?	rót may săi năi bpai…?
Wann fährt der Bus nach … ab?	rót may bpai…òrk gèe mohng?
Könnten Sie mir Bescheid sagen, wenn wir in … sind?	tĕung…láir-o chôo-ay bòrk dôo-ay?
Ist es weit?	glai mái?
Fahrkarte	dtŏo-a
klimatisierter Bus	rót bprùp ah-gàht
Flughafen	sa-năhm bin
Reisebus	rót too-a
Zug	rót fai
Bushaltestelle	sa tăhn nee rót may
Moped	rót mor-dter-sai
Fahrrad	rót jùk-gra-yahn
Taxi	táirk-sêe

Im Restaurant

Einen Tisch für zwei, bitte.	kŏr dtó sŭm-rŭp sŏrng kon
Kann ich bitte die Speisekarte haben?	kŏr doo may-noo nòy?
Haben Sie …?	mee … mái?
Ich hätte gern …	kŏr …
Das habe ich nicht bestellt.	nêe mâi dâi sùng (krûp/kâ)
Ist es scharf?	pèt mái?
Nicht zu scharf, okay?	mâi ao pèt mâhk na?
Ich mag Thai-Küche.	tahn ah-hăhn tai bpen
Kann ich bitte ein Glas Wasser haben.	kŏr núm kăirng bplào gâir-o nèung
Kellner/in!	kOOn (krúp/kâ)
Die Rechnung, bitte.	kŏr bin nòy (krúp/kâ)
Flasche	kòo-ut
Essstäbchen	dta-gée-up
Drink(s)	krêu-ung dèum
Gabel	sôrm
Glas	gâir-o
Speisekarte	may-noo
Löffel	chórn

Auf der Speisekarte

nòr mái	Bambussprossen
glôoy-ay	Banane
néu-a woo-a	Rind
bee-a	Bier
dtôm	gekocht
yâhng	gegrillt
gài	Huhn
prík	Chili
gah-fair	Kaffee
bpoo	Krabbe
mèe gròrp	gebratene Nudeln
gŏo-ay dtĕe-o hâirng	trockene Nudeln
bpèt	Ente
tÓO-ree-un	Durian
kài	Ei
bplah	Fisch
kĭng	Ingwer
núm kăirng bplào	Eiswasser
ka-nŎOn	Jackfrucht
mâir-kŏhng	Mekong-Whisky
hèt	Pilz
gŏo-ay dtĕe-o-náhm	Nudelsuppe
ma-la-gor	Papaya
sùp-bpa-rót	Ananas
néu-a-mŏo	Schwein
kâo	Reis
gŏo-ay dtĕe-o	Reisnudeln
gÔOng	Shrimps
núm see éw	Suppe
ah-hăhn wâhng	Sojasauce
pùk ka-náh	Frühlingsgemüse
kâo-nĕe-o	Klebreis
kâo pôht	Mais
núm chah	Tee
pùk	Gemüse
náhm	Wasser

Gesundheit

Ich fühle mich nicht wohl.	róâ-sèuk mâi sa-bai
Hier tut es weh.	jèp dtrong née
Ich habe Fieber.	dtoo-a-rórn bpen kâi
Halsschmerzen	jèp kor
Bauchschmerzen	bpòo-ut tórng
Erbrechen	ah-jee-un
Asthma	rôhk hèut
Husten	ai
Diabetes	rôhk bao wăhn
Durchfall	tórng sĕe-a
Schwindel	wee-un hŏo-a
Ruhr	rôhk bìt
Fieber	kâi
Kopfweh	bpòo-ut hŏo-a
Aspirin	air-sa-bprin or yah-gâir kâi
Doktor	mŏr
Zahnarzt	tun-dta-pâirt or mŏr fun
Krankenhaus	rohng pa-yah-bahn
Injektion	chèet yah
Medizin	yah
Rezept	bai sùng yah
Wie viele Tabletten muss ich nehmen?	dtôrng gin yah gèe mét dtòr krúng
Ich bin allergisch auf …	(pŏm/dee-chún) páir…

Zahlen

0	sŏon
1	nèung
2	sŏrng
3	săhm
4	sèe
5	hâh
6	hòk
7	jèt
8	bpàirt
9	gâo
10	sìp
11	sìp-èt
12	sìp-sŏrng
13	sìp-săhm
14	sìp-sèe
15	sìp-hăh
16	sìp-hòk
17	sìp-jét
18	sìp-bpàirt
19	sìp-gâo
20	yêe-sìp
30	săhm-sìp
40	sèe-sìp
50	hâh-sìp
60	hòk-sìp
70	jèt-sìp
80	bpàirt-sìp
90	gâo-sìp
100	nèung róy
1000	nèung pun
10 000	nèung mèun
100 000	nèung săirn

Zeit

eine Minute	nèung nah-tee
eine Stunde	nèung chôo-a mohng
eine halbe Stunde	krêung chôo-a mohng
Montag	wun jun
Dienstag	wun ung-kahn
Mittwoch	wun pÓOt
Donnerstag	wun pa-réu-hùt
Freitag	wun sÒOk
Samstag	wun săo
Sonntag	wun ah-tít
ein Tag	neung wun
eine Woche	nèung ah-tìt
ein Wochenende	sÒOt sùp-pah-dah
ein Monat	nèung deu-un
ein Jahr	nèung bpee